JN410123

최학용 수필집

교음사

책 머리에

어느 덧 70년을 넘겨 살았다. 하고 싶은 일이 많았었는데, 건강상의 이유로 병원을 드나든 세월이 대부분이었다. 늘 침체된 내 모습이 맘에 안 들었다. 그런 상황 중에도 내 속에 꿈틀대는 게 있었으니 바로 글을 쓰고 싶은 마음이었다. 문학소녀를 꿈꾸던 여리고 여린 소녀였던 마음이 자란 증거이리라.

중학교 1학년 때 방학 숙제로 낸 산문 「잃어버린 강아지」가 학교 신문에 실렸다. 내가 쓴 글이 활자화 된 것이 신기했다. 고등학교 때 몇 편의 글을 썼고, 고1부터 학교 신문기자로 활동을 하면서 학교 간행물 『참대와 죽순』의 편집반장으로, 대학에서도 학보 기자로 활동했다.

학교 교사로 재직하고 결혼을 하고부터 글쓰기를 잊고 살았다. 젊었을 때는 화려한 쇼팽과 모차르트를 좋아 했지만, 나이 들면서 베토벤이 위대해 보인다. 아무것도 듣지 못했던 베토벤임을 생각하며. 듣고 보이는 것을 가슴에 담아 행복의 펜으로 쓰자 라는 자극을 받았다.

은사님 한 분께서 가끔 엽서로 '재주를 녹슬게 하지 말라'는 격려를 해주셨다. 무덤덤하게 살아왔던 나를 깨우는 감사의 메아리가 들리는듯했다. 그러던 어느 순간, 써내고 싶은 사연들이 가슴 속에서 머리를 들고 일어났다. 부모님, 오빠, 남편, 아들, 딸, 손자 손녀들의 얘기를 쓰고 싶었다. 그때 연세대학교 사회교육원 문창과에 발을 들여놓았다. 그 후 1997년 『문예사조』에 시와 수필로, 2009년 『수필문학』으로 등단하였다.

남편과 아들딸 내외의 많은 격려에 힘을 얻어 틈틈이 써놓은 미숙한 글들을 여기 모으려 한다. 지금까지 함께 해 주신 주님께 감사를 올려 드린다. 늘 적극적으로 나를 도와주는 동료 작가인 남편 윤백중 박사에게도 고마움을 전한다.

한국수필문학가협회 강석호 회장님, 또한 바쁘신 틈을 내서 작품 평을 써주신 오경자 교수님, 편집 교정을 해주신 이자야 편집국장님, 강병욱 선생님께도 감사드린다. 글감이 되어준 모든 분들과 아들 며느리(윤석진 이승은) 딸 사위(윤수진 신승균) 손녀(윤혜원 지원) 외손자(신동호) 외손녀(신오성)에게도 고마움 전한다. 책이 나오는 대로 언제나 뵙고 싶은 양쪽 부모님과 오빠께 바치고 싶다.

2015년 8월

저자 최학용

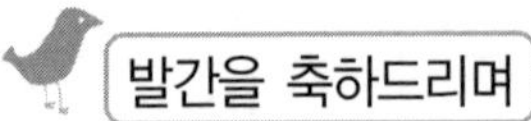

어머니

저의 어머니께서 저를 낳으실 때,
무려 72시간 동안 진통을 하셨답니다.

작년 제 생일 새벽에
제가 어머니께 보내드렸던 문자 메시지를 적는 것으로
그간 수필집을 발간하시느라 수고하셨던 어머니와
어머니를 힘껏 응원하셨던 아버지에 대한
저의 사랑과 감사의 표현을 대신합니다.

어머니,
그제 시작된 산통은
어제 더 심해졌을 것이고,
오늘 새벽까지도 속절없이 이어지고 있었겠지요.

생명을 담보로 저를 낳아주신 어머니께
감사의 마음을 담아 작은 글을 올립니다.

생일 아침, 웁니다.
어머니 그 생명을 걸어
날 낳아주시고

아버지 그 생애를 태워
날 사람 만들어주시니

生을 팔아
生을 사주신 것입니다.

중학생의 아비가 되니
이제 어렴풋이
그 막막한 사랑의 크기

겨우 가늠하게 되어

생일 아침,
웁니다
또
웁니다.

학생들을 가르치는 직업이다 보니

학자, 문호, 스승, 사상가의 글을 자주 접하게 됩니다.

제 어머니의 수필에
학자의 박식과 문호의 언변은 부족할지 모릅니다.
그러나 어머니의 글에는
큰 스승의 성품과 큰 사상가의 성찰이 녹아 있습니다.

그래서 언제나 저를 가장 감동시키는 글은
단연코 어머니의 글,
진솔한 어머니의 글입니다.

가끔 어머니 글의 편집을 도와드리며

그 첫 번째 독자가 되는 것은 큰 특권이었습니다.
인생과 사람에 대한 애정으로 가득 찬
제 어머니 글의 그 다음 독자가 되어 주시기를 권해 드립니다.
감사합니다. – 아들 윤석진 올림

사랑하는 엄마께

드디어 엄마의 마음과 눈물, 정성이 담긴 책이 세상에 나왔음을 진심으로 축하드립니다. 마침내 큰 일을 하신 엄마께 큰 박수를 보내드리고 싶습니다.

제가 어릴 때부터 엄마는 몸이 많이 약하셨습니다. 초등학교 때 엄마의 검사 결과가 나오는 날이면 학교에서 집으로 오는 발걸음이 무척 무거웠던 기억이 납니다. 어린 마음에 혹여나 엄마가 나쁜 병에 걸렸다는 소식을 듣게 될까봐 몹시 두려웠기 때문입니다.

17년 전엔 큰 수술을 하셨고 그 후 급격하게 약해진 체력으로 인해 건강상 많은 고비들이 있으셨지만 그때마다 엄마에게 힘을 불어넣어준 것은 글을 짓는다는 기쁨과 긴장감이었던 것 같습니다.

저는 늘 엄마께 이렇게 이야기하곤 했지요.

"엄마, 스트레스 받게 글은 왜 쓰세요? 취미 생활은 마음 편히 할 수 있는 것으로 하세요."

하지만 엄마가 글을 쓰시는 것은 취미가 아니고 삶의 한 부분이었다는 것을 이제는 압니다.

저는 딸인지라 엄마 글 속에 등장하는 많은 상황들을 잘 알고 있습니다. 그래서 엄마의 글을 읽으면 늘 코끝이 찡해지며 눈물을 흘리든지, 미소를 지으며 혼자 웃든지 하며 지난 일들을 추억하게 됩니다. 그때의 상황과 그 순간 느꼈을 감정들을 어쩌면 그렇게 꼭 맞는 언어로 섬세하게 표현하시는지 읽을 때마다 깜짝 놀랍니다.

엄마, 앞으로도 지금처럼 소녀같은 감성으로 웃음이 있고, 눈물이 있는 아름다운 글 많이 써 주세요. 사소해 보이는 것도 감동을 주는 글감으로 바꾸시는 능력을 갖고 계시잖아요. 글을 쓰시려는 열정과 섬세한 표현력이 만들어낸 엄마의 글을 읽고 많은 사람들이 행복을 느낄 것이라 믿습니다.

엄마의 글로 인해 가장 행복한 사람은 바로 저, 엄마의 딸입니다.

그동안 써 오신 여러 작품들을 책으로 묶어 내고 싶어 하셨던 엄마, 인생의 후반에 그 꿈을 이루셨음을 다시 한 번 축하드립니다.

엄마, 존경합니다. 사랑합니다. - 딸 윤수진 올림

최학용 수필집

비취반지

1부 나이스 샷

2부 돼지 세 마리

3부 우리 할머니

4부 내 고향 평택

5부 국화 따러 무주까지

6부 가족에게 띄우는 편지

1

나이스 샷

골프는 나에게 일상에서 탈출하는 자유와 함께
처음 만난 신천지다.
골프를 하면서 느끼는 몸의 기쁨은
진정 마음으로 기쁨이 전해지기에 매력을 더한다.
스코어에 매이지 않고 즐겁게 한 홀씩 돌다보면
아쉬울 때가 마지막 홀이다.
더 신중하게 칠걸
지나온 네댓 시간을 반성한다.
인생도 지나온 세월이 아쉽고 후회가 많듯
인생을 배우는 운동을 즐길 수 있음에 감사한다.

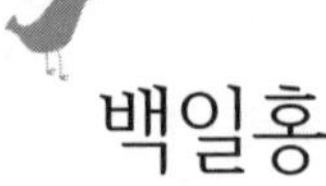

백일홍

수 만 가지 꽃 중에서 내가 제일 좋아하는 꽃은 백일홍 이다. 좋아 하면서도 어느 해는 구경도 못 한 채 지나 가기도 한다. 그러다 어디서라도 만나면 행운이라 여겼다.

어느 해 여름 후배 별장에 갔다가 백일홍을 만났다. 얼마나 반갑던지.

한 뼘 크기의 모종 열 포기를 얻어왔다. 두 개 화분에 다섯 그루씩 살림을 내 주었다. 화분 크기로는 두 포기만 심어야 좋을 듯 했다. 노지에서 잘 자라는 모종을 뽑아 온 게 마음이 쓰였다. 내 욕심만 채운 것 같아 꽃에게 미안하기 까지 했다. 촘

촘히 심었더니 키만 쑥쑥 자랐다. 쌀뜨물도 주고 아침저녁 들여다보고 대화를 한 결과일까. 옮긴지 20일 만에 꽃이 활짝 웃었다. 향도 없는 수수한 연노랑 연분홍 두 가지 색의 꽃이었다.

내 손으로 처음 키워 본 백일홍. 큰 힘의 뜻을 받들어 넘치는 기쁨 속에 핀 꽃이다. 정성을 쏟은 후에 얻은 큰 기쁨이다. 자연의 고마움을 새삼 피부로 느낀다.

물 공기 흙의 고마움을 새삼 피부로 느낀다. 꽃이 100일은 피어 있기에 백일홍이라 붙여진 이름이라 했다.

백일홍에 관한 설화다. 어느 어촌에서 해마다 목이 셋 달린 이무기에게 처녀를 제물로 바쳤다. 김 첨지 딸의 차례가 되어 모두 슬픔에 빠진 사이 용사가 나타나 자신이 이무기를 처치하겠다고 나섰다. 용사는 자신이 100일 후에 돌아올 것이며 배에단 깃발이 흰색이면 승리 해 돌아 온 것이요, 붉은 색이면 패배해 죽은 것으로 알리는 말을 남기고 떠났다. 처녀는 100일 동안 높은 산에 올라 수평선을 바라보며 매일 기도했다. 이윽고 100일 후 용사의 배가 나타났으나 배에는 붉은 깃발이 펄럭였다. 처녀는 절망한 나머지 자결했다. 그러나 사실은 이무기의 피로 인해 깃발이 물든 것이었다. 처녀가 자결한 자리에서 이름 모를 꽃이 피어나 군락을 이뤘는데 사람들은 이 꽃을 백일홍이라 했다. 백일홍 같은 붉은 꽃에는 유독 누군가 죽어 환생했다는 전설이 많다.

어릴 적 시골 집 장독대 옆 화단에 가지를 치며 굵게 자랐던 탐스런 두 겹의 백일홍과는 다르다. 전해지는 설화와 상관없이 좋아 하는 꽃이 백일홍이다.

소녀라는 말은 순결만이 아니라 아름답고 슬기로운 본질을 가꾸는 인생의 앳된 시절을 뜻하듯 연약한 백일홍이 꼭 소녀 같다. 단발머리 초등학교 시절 백일홍 소녀가 나였다는 생각이 문득 든다.

손녀딸 혜원이와 지원이가 영국서 방학 때 오면 봉숭아꽃물을 들여 준다고 심은 두 포기도 한 가족이다. 그 옆에 분꽃도 탐스런 포기에서 꽃을 피울 태세다. 손녀딸들의 빨간 손톱을 미리 그려보며 가슴 벅찬 사랑을 맛보았다.

나는 지금까지 봉숭아 꽃물을 들여 본적이 없다. 할머니께서 오빠가 있는 사람은 꽃물을 안 들인다고 하셨다. 왜? 인지는 모른다. 그냥 할머니 말씀을 따랐을 뿐이다.

식물은 자기들이 받은 사랑의 보답을 정직하게 보여 주는 것 같다. 여러 개의 화분 속에 올 해는 토속적인 꽃 화분을 마련한 게 흐뭇하다. 푸른 잎 식물보다 환한 기쁨을 주는 맛도 있다.

삼십이 넘은 딸도 백일홍을 알려 주었더니 처음 본다며 수수하고 시골스럽다고 평했다. 맨발로 밟는 흙의 촉감도 못 느껴보고 얻은 기쁨이다.

영원한 모성이 이런 것일까? 모처럼 우리 꽃밭에 있던 꽃들이 아파트 베란다에서 피우니 감회가 남다르다.

두 포기의 고추도 가지마다 열매를 달았다. 붉게 익어가는 고추가 다섯 개나 된다. 따 먹어야 또 열린다고 오래두면 썩는다고 하는 식구들의 말도 못 들은 척했다.

아까워서 못 땄다. 청홍색의 조화가 새롭게 계속 익어 가는 고추. 하얀 작은 꽃을 연달아 피우면서 고추나무도 굵게 자라고 있었다.

몇 년 전 호주 시드니 동생네 정원서 고추가 굵은 나무로 자라는 것을 보고 기후 따라 고추도 다년생 일 수 있음을 배웠다.

"꽃과 새와 별은 이 세상에서 가장 정결한 기쁨을 우리에게 베풀어 준다"는 어떤 시인의 말이 실감난다.

음력 삼월 삼짇날 제비들이 강남에서 오는 날의 햇살 같이 포근한 마음이다. 백일홍의 순수한 매력에 빠져 있는 나를 발견한다.

(2004. 7.)

손

"사모님! 뭐하시는 데 지문이 이렇게 다 지워졌어요?"

"농사일 하는 사람 같지요?"

"농담도 지나치시네요."

"다시 오셔야겠어요."

뒤통수가 뜨겁도록 창피했다. 몇 해 전 핸드백을 날치기 당해 주민등록증을 다시 만들 때 동사무소 직원과의 대화다. 난 항상 양쪽 엄지의 지문이 잘 없어진다. 궂은일을 해도 고무장갑을 안 끼는 성격에다 특히 손을 너무 씻는 결벽증 같은 증상이 이토록 지문을 남아나지 않게 한다. 하루에도 수 없이 비누로 닦는다. 여행이라도 가서 5, 6일 물일을 안 하면 손이 곱고 지문이 선명해지는 듯하다. 다시 일하면 또 험한 손이 된다. 손마디가 굵어 어딜 가나 손을 감추는 이유 중 하나다.

직장에 다닐 때 늘 남의 손을 빌어 살림을 했다. 그 후 집에서 살림을 하니 식구들의 기쁨은 대단했다. "엄마가 만드니 이렇게 맛이 있지." 하며 혀를 깨물며 맛있게 먹었다. 무슨 음식을 만들어도 내 손맛이 으뜸이구나 하고 착각을 했다.

그러나 그것은 단지 식구에게 쏟는 정성이었을 게다. 아들 다섯 살 때인가? 지나가는 엿장수에게 "아저씨! 우리 엄마 집에 있어요." 묻지도 않는 지나가는 이에게 일요일에 엄마 집에 있음을 자랑했었으니 당연할 수밖에. 엄마가 끓인 보리차도 맛이 있다니…. 엄마는 엔돌핀이 별똥별처럼 우르르 팡팡, 솜씨 없는 엄마가 신나는 주부가 되었다.

하루는 동창회 모임에서 매듭 강사를 초청하여 두 시간에 걸쳐 강습을 받았다. 100여 명 이 모두 작품을 하나씩 완성했는데 유독 나만이 때만 까맣게 묻히고 주무르고 있었다.

난 정말 왜 이렇게 솜씨가 없을까? 나를 낳아 주신 엄마를 원망할 정도로 손재주가 없었다. 뜨개질, 바느질, 그림 등은 할 엄두도 못 낸다. 아무런 솜씨가 없다. 화장하는 재주도 없어 매일 맨 얼굴로 다닌다. 심히 손재주 없음을 내 못난 얼굴에게도 미안하다. 글을 쓰는 재주, 이것도 없다. 무슨 일로 어디 가서 메모라도 할라치면 부끄럽기 짝이 없다. 결혼식장에 가서 방명록에 서명하는 일이 곤욕스럽기까지 하다. 붓글씨도 2년간 배워 보았으나 펜글씨를 못 쓰니 역시 이것도 안 되어 중도 포기했다.

요즘 새삼 솜씨 없음에 개탄할 일이 종종 있다. 교회 강단 꽃꽂이를 매주 내가 한다. 꽃꽂이를 배운 적도 없고 다만 내 생각대로 무슨 꽃이든 주제가 된다. 토요일마다 꽃시장에 들리는 일이 나에겐 생기까지 불어 넣어 준다.

그러나 아무리 정성껏 꽂아도 주일 예배 때 내가 보아도 맘에 안 든다. 깨끗하다느니 화려하다느니 누구든지 한 마디씩 하는 것은 오직 꽃 자체를 보고 말함이리라. 수반에 신경을 더 썼고 푸짐하게 꽂는 것으로 정성을 다했다.

기적 같은 일이 한번 있었다. 고등학교 2학년 때다. 교내 꽃차림 전시회에서 기도라는 제목으로 출품한 것이 1등 수상을 했다. 부상으로 도자기 화병을 받았다. 평택 할머니 댁에서 가져온 수수, 벼 등 가을의 풍성함을 솜씨와는 무관하게 표현했던 것 같다. 하다못해 글 솜씨라도 있으면 내 손에 재주 없음을 그럴듯하게 표현 해보고 위로라도 삼으련만 항상 아쉬움 속에 붓이 멎는다.

(『독수리문학』 창간호, 1996. 여름)

비취반지

몇 해 전 라이온스 클럽 회원 14명이 두 시간 비행 후 내린 곳은 대만이었다. 포르투갈 사람들이 '아름다운 섬'이라고 찬탄했다던 나라. 11월 초였는데도 그곳의 날씨는 후덥지근한 초여름 날씨였다.

우리 클럽과 10년째 자매결연 관계로 이맘때면 두 나라 회원들이 주년행사로 서로 오간다. 행사 후 우리 일행은 시내 관광 코스에 보석 백화점에 방문할 기회가 있었다. 들어서자마자 점원들이 한국말로 우리를 반기니 우리나라 관광객이 많음을 금방 알 수 있었다.

환성을 지를 정도의 진귀한 보석들로 진열장이 가득했다. 산호, 비취, 진주, 상아 등 종류도 다양했다. 대북 시 양명 산 근처 산간에 새로 세웠다는 국립고궁박물원에서 본 것은 중국의 역사 바로 그것이었다. 중화민국 수뇌들이 대륙에서 건너 올 때 반입해 온 중국 고대의 귀중한 문화재들이 자그마치 62만 점이나 소장되어 있다니 그럴 만도 했다.

우리 일행 중 여자들은 보석에 매료된 듯 눈이 휘둥그레졌다. 남자들은 관심 없다는 듯이 의자에 깊숙이 앉아 어서 가자고 재촉하는 눈치였다. 박물원에서 옥병풍이며 비취 항아리를 보면서 감탄사가 절로 나왔다. 비취의 색이 이렇게 나를 매료시킬 줄이야. 결혼 때 가난했던 신랑한테 받았던 반지, 그것도 유행이 한참이나 지나 이젠 서랍 속에 자고 있는 반지가 머리에 떠올랐다. 진열장에서 떨어질 줄 모르는 나는 비취반지를 손에 낀 채 남편의 눈치를 살폈다.

남편이 다가왔다. 쾌히 승낙을 했다. 무슨 일이든 내 말을 따르는 평소의 습관이 고맙게 여기서도 발동한 셈이다. 반지 값은 거금이었다. 우리 둘이 가지고 있던 현금을 전부 지불하면서 나는 애써 의미를 부여했다. 아들 딸 대학 보내기 위해 애쓴 공로의 보답이라고…. 같이 고생했는데 내 생각이 억지라는 생각도 들었다. 나는 비취색이 너무 좋았다. 남편은 배추벌레 터진 색의 보석이 뭐 그리 비싸냐고 한 마디 했다. 지금까지 무엇을 얻은 후 이렇게 좋아한 적이 있었던가. 나도 여자임을 확인한 사건(?)이었다.

외출 시엔 옷에 반지를 맞추는 것이 아니라 반지에 옷을 맞출 정도로 아꼈다. 결혼 후 처음 받아보는 보석 선물이라 더 값진 것이었다. 일 년쯤 지난 후였다. 끼고 나갔던 반지를 우연한 기회에 동네 금은방에 보일 기회가 있었다. 주인의 말이었다. "아니, 이건 비취도 가짜고, 세팅에 들어간 금도 가짜네요." 진짜로 알았던 것이 가짜일 때의 그 기분이란…. 약이 오르고 처절하기까지 했다. 치사한 배신감이란 표현이 맞을까. "진짜 속이지 않습니다. 물건에 하자가 있으면 언제든지 현금으로 환불해드립니다." 라고 조용조용 말하던 풍채 좋은 보석백화점 주인을 전혀 의심하지 않았던 게 상처가 되었다. 또 여행사 안내원의 친절한 말도 믿었었는데….

나는 그렇게 아끼던 반지를 미련 없이 쓰레기통에 버렸다. "너무 분하다"며 식식대는 나를 보고 남편은 "진짜라고 믿고 있으면 그만인 것을 왜 감정을 했냐?"고 했다. 생산지인 고장에서 싸게 장만했다고 좋아했던 마음이 산산조각난 형상이다.

얼마 후 일본 여행 중 산호와 진주 특설 매장에 들릴 기회가 있었다. 버스 안에서 행운권이라며 번호를 나누어 주었다. 50이라는 숫자가 적혀 있었다. 주머니에 구겨 넣은 채 관심 없이 버스에서 내리지도 않았다. 순간 비취반지에 대한 기억이 살아났기 때문이었다. 씁쓰름한 미소가 지어졌다. 잠시 후, 일행들이 요란스럽게 보따리를 들고 차에 오른다. 매장에 들어갔던 이들이 아깝다고 법석이다. 내 번호 50번이 당첨되었었는데 내가 없어서 다른 사람이 진주 한 알을 받았단다. 흥, 미련도 없다. 한 번 속았으면 됐지 두 번 속으랴 싶어서다.

여자들은 결혼반지를 평생 1만7천 번을 드려다 본다는 말을 다이아몬드 선전문에서 본 적이 있다. 나는 과연 몇 번이나 보고 중히 여겼나? 다이아몬드도 비취도 아니지만 남편이 어렵사리 장만한 사랑의 증표. 소중한 것은 남편이 사랑의 표시로 끼워준 백금 반지 그것이 진짜였다. (1996. 겨울)

나이스 샷

누에가 뽕잎 먹는 소리처럼 사각사각 가을이 달려온다. 새벽 4시부터 잠을 설치고 6시에 집을 떠나 7시에 해장국집 '뚜가리'에 도착. 올갱이국 한 그릇으로 에너지를 담는다. 광릉 골프장에 오른 시각 8시. 썬 크림을 신경 써 바르고 준비하고 나선 라운딩 시간은 8시 30분. 동쪽을 향해 눈부시게 떠오르는 태양을 한 아름 안고 달려왔다.

동반 플레이어는 초등학교에서 40년을 근무하고 퇴직을 했지만 아직 체구도 당당한 선생님과 똘똘하고 날씬한 50대 여행사 여사장 그리고 동향 동갑내기 한의사 사모님이다.

앞바람이 세차게 불어 모자도 벗길 정도다. 치는 공의 방향도 방해한다. 지난주 느낀 바람과는 완연히 다르게 시원하기까지 하니 가을임을 피부로 느낀다. 이슬이 내린다는 백로도 지나고 추분이 얼마 남지 않았다. 그토록 이글대던 태양도 계속되던 장마도 가을이란 계절 앞에선 항복을 한 셈이다. 열대야는 어디로 도망치고 새벽녘엔 두꺼운 이불 한 자락이 당겨진다.

맑은 하늘 동쪽으로 32킬로미터나 달려 왔건만 여기서도 남산 타워가 확실히 시야에 들어온다. 아주 쾌청한 날씨에나 볼 수 있는데 오늘 행운을 잡은 셈이다.

좋은 날씨에 '나이스-샷'을 외치며 서로를 격려하고 각 홀마다 즐거움은 더해진다. 오늘은 캐디도 없이 카트 끌며 골프채 챙기랴 배로 바쁜 날이다. 걸으며 신경을 쓰니 시장기를 쉬 느끼는지라 간식 보따리에 손이 자주 간다. 먹는 즐거움까지 더해서 금상첨화인 셈이다.

하늘만 보이는 산 속, 병풍을 두른 듯한 산과 울창한 나무들, 다람쥐와 청솔모도 도토리 잣을 모아 겨울준비하기에 분주히 오간다. 새들의 지저귐도 여기 와야 듣는 청량제다. 연못서 내 뿜는 분수며 수련과 연꽃, 운동을 즐기며 얻는 특별 보너스다. 익어가는 사과 대추도 풍성한 마음을 그리고 눈까지도 즐겁게 한다.

대추와 사과가 붉어 질 때 까지 얼마나 많은 태양을 머금고 온갖 비바람 벼락을 견뎌 냈을까? 자연에 대한 찬사를 어찌 말로 표현하겠는가? 즐겁지 만은 않은 것은 새 공을 물에 빠뜨리거나 벙커(모래 밭)에 넣었을 때다. 연습 부족의 소치라 여기고 반성도 해본다. 20년의 구력도 상관없다. 마음대로 안 되는 것 중 한 가지는 골프라는 것을 실전서 실감한다.

40그램 무게의 공이 날아가 사뿐히 보내고자 하는 훼어웨이에 안착할 때 쾌감은 정말 기분 짱이다. 지름 10.8센티 구멍에 공이 굴러 들어가며 내는 땡그랑 소리. 먼 거리서 넣을 수록 땡그랑 소리의 울림은 그 순간 스트레스를 모두 날려 버린다. 이런 맛에 골프를 한다고 해도 지나친 말이 아니다. 거듭하다 보면 홀인원도 나오겠지?

골프는 나에게 일상에서 탈출하는 자유와 함께 처음 만난 신천지다. 골프를 하면서 느끼는 몸의 기쁨은 진정 마음으로 기쁨이 전해지기에 매력을 더한다. 스코어에 매이지 않고 즐겁게 한 홀씩 돌다보면 아쉬울 때가 마지막 홀이다. 더 신중하게 칠걸 지나온 네댓 시간을 반성한다. 인생도 지나온 세월이 아쉽고 후회가 많듯 인생을 배우는 운동을 즐길 수 있음에 감사한다.

뜨거운 물에 들어가 피로를 풀고, 입 맛 따라 늦은 점심을 먹는다. 밥맛은 꿀맛이다. 식사 중 나의 남편이 화제에 올랐다.

남편이 같이 나가지 않을 땐 별도의 격려금을 주는 일. 남편이 동반플레이 할 때 버디를 잡으면 한번 당 10만 원씩 주는 룰을 정해 놓은 게 너무 멋진 일이라고. 늘 아픈 아내가 운동할 수 있을 정도로 회복해 가는 게 감사하다며 정해 놓을 룰이다. 이렇게 밀어붙이기 식 격려는 이제 거의 정규일이 고정되어 있다. 늘 맑은 공기 속으로 몰아 건강케 하기 위한 배려임을 안다. 나에게 이런 격려가 남편에 대한 감사로 변하니 감사도 전염되는가 보다.

새벽에 단 잠을 깨어 골프채를 실어 주며 '나이스 샷'을 빌어주는 동반 플레이어의 남편들도 일등 남편이기에 감사의 박수를 보낸다.

오는 차중에서 노래도 부르고 얘기도 나누며 다음을 약속했다. 다음 부킹은 다음 월요일. 이곳 산속에 펼쳐질 가을 경치를 만끽해야지! 봄, 여름, 가을, 겨울, 철마다 다른 맛을 선물하시는 하나님께 영광을.

이 가을도 빠르게 내 곁을 스쳐 지나가고 또 어김없이 봄, 여름이 왔다 갈 것이다. 골프의 마지막 홀을 좀 더 잘 할 수 있지는 않았을까. 하고 돌아보듯 삶의 자취를 그렇게 아쉬움과 후회로 얼룩지지 않게 최선을 다해서 진정 '나이스 샷'을 날려 보리라. 앞으로는 모두 '나이스 샷'

(『수필문학』 2009. 11월호)

〈수필당선소감〉

환한 단풍의 계절에 수필문학사로부터 등단 소식을 접했다.

수년 전 초회 추천 후 투병하느라 정신없이 지냈다. 겨우 몸을 추스르고 보니 세월이 훌쩍 지나 또 가을을 맞이하게 되었다. 건강을 찾아 추천완료의 기회를 갖게 된 영광을 주님께 돌린다.

변변한 글 솜씨도 없는 아내를, 엄마를 늘 격려해준 가족에게도 고맙다. 글감이 떠오르도록 자극주신 오경자 교수님 그리고 심사위원님께도 감사드린다.

주여! 좋은 글을 많이 쏟나낼 힘과 지혜를 주소서.

마음으로 기쁨이 전해지는 글

수필은 자신의 체험을 바탕으로 해서 글을 쓴다. 사실 우리가 살아가는 일상생활의 순간순간이 체험의 연속이다.

문제는 그 많은 체험을 어떻게 쓰느냐는 것이다. 일어났던 일 그대로를 이것저것 지면에 풀어놓는다면 사실 그것은 기록물에 불과하다.

그것이 문학으로 승화하기 위해서는 일상의 경험을 수집하고 간추린 다음 마음에 품고 버무려서 숙성을 시켜야 한다.

고두밥과 누룩이 섞여 술로 빚어지는 과정처럼 자신의 경험이나 일상을 글로 써내는 데는 그만한 숙성기간이 필요하다는 얘기다.

최학용의 「나이스 샷」은 위에서 언급한 수필의 속성에 대해 한 번쯤 되돌아보게 하는 글이다. 작자는 골프에 아주 취향이 높다. 그 재미에 빠져 산다. 그것을 글로 표현하고 있다. 필드에 나가 공을 치는 쾌감이 일상에서 탈출하는 자유와 함께 신천지로 느껴진다.

그런 자신의 인생찬가가 잔잔한 필치로 잘 그려져 있다. 작자는 말한다.

… 삶의 자취를 아쉬움과 후회로 얼룩지지 않게 최선을 다해서 진정 나이스 샷을 날려 보리라. 앞으로 모두 나이스 샷.

결말부분이 아주 좋다. 나름대로 공들이고 노력한 작품이다. 그러나 글을 읽고 난 다음에 남기는 진한 메아리 같은 것이 덜한 약점이 느껴진다. 좀 더 여운을 남기는 글을 쓰기 위해 더욱 분발해주기를 바란다.

(등단추천심사위원회 · 이자야 (記))

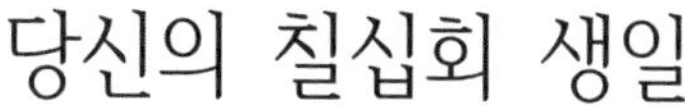

당신의 칠십회 생일

6·25전쟁이 일어나지 않았다면 맺어질 수 없었던 당신과의 인연. 하나님께서 우리를 사랑하신 특별한 계획이라고 믿습니다.

그렇게도 심하게 뜯어 말리던 가족들을 겁도 없이 뿌리친 채 두려움으로 만나 가정을 이룬지 어언 40년. 오늘 당신의 70회 생일입니다.

당신이 피란민이며 가난한 환경, 외아들에 딸이 칠형제나 되는 게 가족과 주위에서의 반대 이유였습니다. 무엇보다 동생들의 완강한 반대가 가슴 아팠습니다. 결혼이 정해지고 청첩장을 들고 학교 이사장님께 인사드리러 간 자리에서 신랑의 가족 관계를 물으셨습니다. 딸이 일곱에 외아들이란 말에 "그럼 시누이가 일곱 명, 손사래를 치시며 최 선생 중신은 내가 하려했는데" 하셨습니다. 왜 끝까지 안 들으시려 하셨는지를 살아가면서 알게 되었습니다.

그래도 막연히 당신이 잘해주겠지 라는 믿음이 있었고, 예식장서 학생들의 축가 연주가 힘이 되었습니다.

신부 화장도 못할 정도로 쏟아지던 눈물은 목욕을 해도 될 정도였습니다. 호강으로 애지중지 키워주신 부모님께 불효하는 제가 미웠기 때문이었습니다.

그러나 당신의 이룰 것을 이루었다는 승부욕은 하늘을 향해 메아리 쳤습니다.

신혼여행 전 남산에 올라 나를 안고 승리 했노라고 지른 고함은 우렁찼습니다. 불붙듯 하던 사랑의 세월이 흘러 칠십이라니 감회가 새롭습니다.

아내를 아끼고 보살핌이 극진했던 남편임을 고맙게 여기고 살아가고 있습니다. 유난히 저를 믿고 따라 주셨던 시부모님 일곱 분 시누이님들 시고모님들 까지도 저를 행복하게 해주셨음에 감사드립니다.

맑고 밝은 하나님 성품 닮은 아들딸로 인해 행복했던 날들이

셀 수 없이 많았습니다. 아들의 박사 학위 취득, 영국 옥스포드 대학 연구원이 되기까지의 영광, 세계에 알려진 천문학자에서 교수가 된 일, 딸의 석사과정 임용 고시 합격 후 중 고교 국어교사가 되기까지의 일들이 가슴 뿌듯한 보람이었습니다. 각자 좋아 하는 배필 만나 믿음의 가정 꾸린 것 또한 감사합니다.

특히 혜원이 지원이 동호가 있음에 가슴 벅찼습니다.

손녀 손자들 만나면 제일 행복해 하는 당신을 볼 때 내리 사랑의 뜻을 알듯합니다. 초등학교 교사였던 당신은 아이들과 놀아 주는 것도 영락없는 선생님 이십니다. 아이들 집중시킴과 흥미 돋우는 일등 무궁무진한 흥밋거리를 가지고 계신 당신을 좋아함은 당연합니다.

이 세상에서 제일 존경하는 인물이"우리 아버지"라고 하는 아들딸의 당당한 표현은 정말 자랑스럽습니다. 또한 당신이 어떻게 살아 왔는지를 대변해주는 대목입니다. 당신을 아는 이들에겐 성실하고 부지런한 사람이라 정평이 나있는 당신입니다. 당신은 자랑스러운 아빠요 할아버지요 저를 늘 비추어준 태양이었습니다. 내가 위암으로 힘들 때도 위로와 사랑으로 견디어 낼 수 있는 힘을 실어 주었습니다. 좋다는 것은 다 구해왔고 무공해 식이요법 해야 한다고 없는 시간 쪼개어 농사짓던 일도 헌신적 사랑이었기에 가능 했습니다. 이런 감사를 제 재주로는 적당한 표현을 찾기가 힘듭니다. 아무튼 감동 이었습니다. 당신의 성실함은 아는 이들에겐 정평이 나 있습니다. 새벽을 깨우는 근면 성실함, 현실에 안주하지 않는 끈임 없는 도전 정신으로 모두에게 삶의 모범되어 주심에 감사를 드립니다.

그리고 당신은 누구와도 비교 할 수없는 효자였습니다. 어머님께서 7년간 입원하신 동안 거의 매일 아침저녁 찾아 뵌 정말 놀라운 효심에 아들딸이 존경하는 이유 중 하나로 들었을 것 같습니다.이런 당신을 하나님께서도 사랑하실 수밖에 없으셨나 봅니다.

당신을 위해 많은 사람들이 드린 기도의 열매. 남은 생을 늦게나마 믿음으로 하나님을 영접하게 됨은 축복입니다. 기도한 사람들에게도 당신에게도 가장 큰 선물입니다.

늘 건강엔 자신만만한 당신은 지금 갑상선 암 수술 후 치료 중입니다. 이젠 앞만 보고 달리던 생활에서 좀 쉬라는 하나님의 계시라는 생각도 듭니다. 이번 수술도 하나님께 더 가까이 가기위한 기회라 생각되어 감사드리기로 했습니다.

뒤늦게 석사 마치고 박사코스 밟는 열정과 저서를 여러 권씩 쓴 학구열은 아이들에게도 귀감이 되었다 여겨집니다. 아들도 세계적인 학자가 딸도 후배 육성을 천직으로 아는 교사가 된 일들이 백 프로 당신의 영향인줄 압니다.

쉼도 전진이라 생각하고 조금은 느슨하게 생활 패턴을 바꿀 것을 주문합니다. 건강을 잃으면 모두를 잃는 것이라는 말 꼭 명심하여 건강 지키시길 바랍니다.

아들 며느리 딸 사위가 늘 당신위해 기도할 때 하나님이 함께하심을 믿습니다. 다소곳이 드리는 저의 기도가 당신에게 기쁨이 되고 싶습니다.

당신이 귀하게 쓰임 받는 하나님의 택하심을 축복합니다. 한없이 부족한 아내이지만 안개 낀 바다의 보석이 되어 당신을 지키렵니다.

남은 생 주름 잡힌 손으로 어루만지며 굳건히 살아 갈 것을 약속합니다.

당신 칠십회 생일 축하하러 오신 소중한 사람들과 함께 주님 안에서 남은 생 편히 누리며 사시길 기도 합니다.

사랑하는 당신의 칠십회 생일을 축하합니다. 사랑합니다.

(2008. 12. 25.)

눈이 내리면

눈 내리는 겨울이면 외갓집 생각이 난다. 겨울방학 때 외할머니 제사에 가던 어린 시절 그때가 참 좋았다. 엄마가 해 마다 챙기시던 제사인데 지금은 제사도 날짜만 기억할 뿐 가지는 못한다.

외갓집 가는 날이면 머슴은 지게 바수고리에 제물을 잔뜩 싣고 우리 앞장을 섰다. 며칠 전부터 장만하신 엄마의 친정어머니께로 향한 정성의 음식이다. 지금은 우리 생가에서 차로 10분 거리도 안 되는데 그때는 한 시간은 족히 걷던 거리라고 생각된다.

한길을 지나가면 동네 상엿집을 지난다. 그곳을 지날 때면 왜 그리 무섭든지, 지겟다리를 잡고 뒤도 안돌아보고 매달리듯 걸었다. 지름길이었기에 찻길을 피해 한적한 길을 택하는 길이 상엿집을 지나는 길이었나. 산 속 길을 잘도 찾아간다 했더니 머슴이 우리 집에서 30년은 살았다니 당연한 길잡이였다.

엄마의 친정가시는 발걸음은 빨랐다. 일 년을 기다리셨을 친정어머님 제삿날이었기에, 등에는 돌도 안 된 동생이 업히고, 동생들 셋과 함께 우리도 다리를 늘려가며 신나게 걸었다. 귀를 가리는 모자와 털옷은 아버지께서 서울서 사오셨다. 외갓집 가는 것이 유일한 나들이였을 때다. 지금 생각하니 온 산이 소나무였으니 '피톤치드'를 흠씬 맡으며 외가를 오간 셈이다.

외갓집 동네가 보이면 제일 먼저 지나는 곳이 큰 양조장 앞이다. 논을 따라 조금 가면 지금은 마을회관이 들어선 정자가 보였다. 여기서 왼쪽으로 꺾어 500m쯤 가면 홍씨 댁 다음 그 동네서 제일 큰대문집이 우리 외갓집이었다. 대문까지 가기도 바빴기에 우린 쪽문으로 들어서며 우리 왔다고 외친다. 반기시는 외할아버지, 그리고 새외할머니, 외삼촌, 외숙모님 지금은 외숙모님만 그 터에 새로 지은 집에 살고 계신다.

꽁꽁 언 손을 절절 끓는 아랫목에 손발을 꼭 잡고 녹여주시던 외할머니, 건넌방엔 먹을거리가 그득했다. 각종 엿이며, 한과, 홍시 등 대부분 우리 할머니가 늘 해주셨던 먹을거리였다. 우리가 가지고 온 제물들은 외갓집 식구들의 탄성과 함께 제사 준비할 과방으로 옮겨졌다.

양지바른 집 옆 밤나무 동산엔 엄마 조상님들 묘소가 나란히 있었다. 엄마 따라 나서서 우리도 나란히 절을 올렸다. 이 동네는 공 씨 집성촌이다. 엄마 남동생인 외삼촌께선 부면장을 지내셨다. 옛날 집들은 사라졌어도 아직은 개발되지 않은 동네 모습이 남아 있다. 우리 생가 동네랑은 다르게 추억이 되살아나는 외갓집 동네 풍경이다.

그때는 눈이 많이 내렸다. 초가지붕과 온 동네 보리밭이며 마당이 눈 천지였다. 동네 강아지가 이리저리 뛰며 눈 덮인 깨끗한 천지에 발자국을 내는 게 아깝고 속상했었다. 강아지는 눈이 내리면 시야가 흐려진다는 말이 맞는 듯했다. 외갓집 방안은 눈 내리는 날이면 어두컴컴했다.

동생들을 몰고 장독대에 나가 내린 눈을 두 손 가득 뭉쳐서 담에 던지던 놀이도 그 시절에만 해 봤던 잊을 수 없는 동생들과의 추억이다. 봄이 오면 매화, 산수유, 애기꽃이 뒤뜰에 가득했던 그 장독대는 그대로다. 마당에 나가 동네 꼬마들과 눈사람을 만들고 손발에 얼음이 박히도록 노는데 정신이 팔려 해지는 줄도 몰랐다.

해질녘 자전거로 오신 아빠를 따라 아쉬운 놀이를 마쳤다. 아빠도 장모님 제사에 참식차 오신 것이다. 눈이 그치며 해가 반짝 빛날 때 애써 만든 눈사람은 녹아내리고 밀짚모자만 땅에 내려앉는다. 우산으로 해를 가리어도 오래 가지는 못했다. 처마 끝에 달렸던 고드름은 태양에 비쳐 영롱한 보석처럼 빛을 발했다. 수정 고드름 노래가 콧노래로 나온다.

고드름 고드름 수정 고드름….

추녀 밑 흙에 꽂히며 떨어지는 긴 고드름을 치마폭에 받아 깨물어 먹었다. 지금은 상상도 못할 고드름의 맛이었다. 공해 없던 시절이었기에 고드름도 따먹고 눈으로 빙수도 만들어 먹고 했지, 요즘 같으면 상상도 못할 일이다. 이렇게 눈사람과 고드름을 가지고 노는 동안 머슴은 집으로 가고 우리는 며칠씩 묵었다. 큰 외할머니 댁, 작은 할머니 댁을 돌며 인사를 여쭙던 기억, 짧은 다리로 시골집 대문턱을 넘기가 힘들었다.

12시 자정 조금 전. 제사상이 차려지고 놋대야에 찬물을 준비해 마루 끝에 놓는다. 제사꾼들이 도포와 갓 쓴 차림으로 얼굴을 씻어 잠을 깨우고 손을 씻는다. 외할아버지 오형제 분과 외삼촌들이 대청마루를 그득히 채우셨다. 축문 읽으시던 외할아버지의 구성진 음성이 어린 마음에 멋지다 생각했다. 외가가 공자의 자손들이심도 자랑스러웠다. 자정까지 눈을 비비며 기다리던 우리 꼬마들은 제삿밥 먹을 시간에 지쳐 잠이 들었다.

이런 일도 있었다. 제사상에 올렸던 오징어를 손에 들고 잠이 들었던 나. 아침에 일어나니 배가 온통 피투성이였다. 고양이가 오징어 냄새를 맡고 뺏으려 하고 난 잠결에도 안 놓으려 하자 발톱으로 할퀴고 씨름한 흔적이었다. 그런데도 깊은 잠을 자고 몰랐으니, 요즘 그렇게 깊은 잠이 그립다. 소풍갈 때도 오징어 한 마리에 사이다 한 병이면 족할 정도로 오징어를 좋아했었기에 고양이한테 당한 사건이다.

우리 엄만 부잣집에 시집 온데다 엄마가 시집오신 후 우리가 더 부자가 되었다고 복있는 며느리라고 동네 사람들의 칭송이 대단했다. 어른공경은 기본, 도지사로부터 효부상도 여러 차례 받으셨단다. 어려운 사람들을 챙기시는 배려와 베푸시는 손길에 감복하신 어른들께서 우리 외가와 사돈을 맺으신 분이 몇 분계시다. 걸인들을 위한 밥상이 사랑채 마루에 늘 차려져 있었던 일들이 우리가 보고 자란 엄마의 자비로우신 성품이다.

커서 안 일이다. 외할머님이 내 돌 무렵 돌아가시고 엄마보다 한 살 위인 외할머님을 어머니로 맞이하셨단다. 오셔서 사남매를 두셨다.

엄마가 시집살이 하시면서 얼마나 일찍 가신 친정어머니인 외할머니가 그리우셨을까. 시댁에서의 일들, 우리 칠남매를 기르시면서 얼마나 많은 얘기를 하고 싶으셨을 텐데. 환갑이 넘은 나이에 엄마가 저세상 가셨어도 안타깝고 보고 싶을 땐 가슴이 저며 오는데…. 잘 견뎌내신 엄마 생각하면 마음이 아프다.

새 외할머닌 우리에게 늘 자상하시고 따뜻하신 분이셨다. 우리 엄만 한 살 위이신 새 엄마께 꼭 '어머니'라 부르셨다. 우리가 듣기에도 아무 어색함이 없이…, 지금 생각해도 어찌 어머니란 말이 나왔을까? 아주 공손히 어머님을 대하신 엄마의 성품이 숨어 있었기에 가능했으리라 믿어진다.

술과 소고기 육회를 좋아하셨던 외할아버지께선 갓 쓰시고 두루마기 차림으로 사랑채에서 동네 아이들에게 한문을 가르치셨다. 그 영향을 받아 엄만 한문을 많이 아셨고 고전을 즐겨 읽으시고 좋아하셨다. 엄마가 돌아가실 때까지 쓰시던 일기도 글을 좋아하셨기 때문일 것이다. 우리가 지금 안다는 한문도 그때 외할아버지께서 깨우쳐 주신 것들이다.

외갓집 동네서 나와 같이 놀던 친척 애들도 모두 나 같은 노인이 되었다. 어쩌다 결혼식 등에서 만나면 옛날을 얘기하며 정담이 계속 이어진다. 배불뚝이 밀짚모자 쓴 눈사람 만들던 얘기도 빠질 수 없는 추억 속의 메뉴다.

오늘 내린 눈의 양이 25.8cm. 103년만의 기록이란다. 60년 전 눈 내리던 외갓집 동네 풍경이 바로 어제 일인 듯 눈앞에 펼쳐진다. 5년 전 하늘나라로 떠나신 엄마가 눈 속에서 미소 지으시며 외갓집 마당에 내려오실 듯 눈이 내린다. 펑펑.

(2010. 겨울)

엄마의 T셔츠

내 외손자 동호는 여섯 살이다.

에미가 계란 한판 숫자를 넘긴 나이에 얻었으니 얼마나 귀한가. 믿음 좋은 신랑 고르다 늦게 만난 동갑내기 사위는 언제나 편안함을 주는 사람이다. 동호 외모는 아빠를, 성격은 조용한 엄마를 빼닮았다.

에미는 동호 출산 육아 휴직 후 돌을 지내고 다시 출근했다. 우리 집 가까이 살다가 친가 근처로 이사했다. 결혼할 때보다 더욱 허전했다. 거의 매일 보았었는데 시집보낸 서운함이 절실히 다가왔다.

에미는 고등학교 교사인데 일찍 출근, 늦게 퇴근하고, 에미를 못 보는 날도 많았다. 두 돌 지난 어느 날 에미가 집에서 입는 T셔츠를 끌어안고 냄새를 맡기 시작했다. 외출할 때도 빠뜨리고 갔다가는 다시 가져가야 하는 상황이었다. 허전하고 엄마 생각날 때 혼자 찾아낸 해결책이었나 보다. 유치원 갈 때도 가지고 갔는데 친구들이 놀린다 했더니 어렵사리 체념한듯했다.

외출할 때도 꼭 챙기는 제1순위 목록이 되었다. 동생을 보더니 더 심했다. 한번은 T셔츠를 들고 계단 내려가다 소매 끝을 밟으며 넘어졌다. 반듯한 이마에 흉터를 훈장처럼 남겼다.

하늘에 별들은 제소리를 지닌다 했다. 동호도 마음에 소리를 내는 것이리라. 어떤 한 곳에 집착이 심한 성격의 시작일까? 에미 무릎에 앉아서도 엄마 T셔츠를 찾으니 말이다. 세탁할 사이도 없어 유치원 간 사이에 빨아 말려놓는다. 할머니 할아버지께서 사랑 듬뿍 온갖 정성을 쏟아 살펴주시건만 동호에겐 엄마 사랑이 목마른 것이다. 먹는 것도 새로운 것을 거부한다. 잘 씹지도 않았다. 체중도 미달상태였다. 나무들도 저마다 꽃 열매 맺는 시기가 다르다. 조바심 내지 말고 동호만의 나이테 무늬를 만들며 자랐으면 좋겠다. 이것이 우리 모두의 간절한 바람이다.

내가 교직에 있을 때였다. 각 기관에서 오후 6시면 국기 하기식을 했던 때였다. 애국가가 엄마 학교로부터 들리면 엄마 집에 올 시간을 알았다. 교문 앞에 일하는 할머니 손잡고 동호 에미가 오빠와 기다리고 있었다. 그때는 어린이집도 없고 유치원 들어갈 때까지 집에서 놀았으니 얼마나 지루했을까. 출퇴근 시간을 줄여 아이들과 함께하는 시간을 갖고자 학교 가까이로 이사한 게 다행이었다.

우리 집이 약간 비탈진 곳에 있었다. 남편은 바람만 불어도 문이 닫혀 아이들 다칠까 일이 안된다고 걱정이었다. 남편 성화에도 나의 출근이 계속되던 어느 날 고3 졸업시험 감독을 했을 때다. 교감선생님께서 교실에 오시더니 "애기가 많이 아프대요." 집에서 연락이 왔다며 교감선생님께서 감독을 대신해 주셨다.

나는 실내화를 벗어던지고 집으로 달렸다. 100m 경기에서 올림픽금메달을 딴 우사인 볼트도 못 따라올 정도로 급히 뛰었다. 후다닥 후다닥 뛰는 가슴은 멎을 것만 같았다. 그날 출근할 때도 동네 가게서 먹을 것을 한 아름 안고 기분 좋게 인사해서 잘 놀고 있으리라 믿었는데 웬일인가.

동호 에미인 딸이 할머니 무릎에 안겨 축 늘어져 불러도 대답도 없었다. 몇 시간째인데 괜찮겠지 하고 기다렸단다. 남편은 벌써 집에 와 있었다. 병원에 가려니 어느 과에 가야하나 딱히 갈 곳이 마땅치 않았다. 광화문 큰길 지날 때 눈에 띄었던 정신과가 생각났다. 늘 두고 다님이 마음에 걸렸기에 아이들도 스트레스가 쌓였을 거라는 생각에서였다. 병원에 도착할 때까지도 달라진 게 없었다. 원장님께서 엄마가 직장 다닌다는 얘기를 들으시더니 진료실 밖에 나가 있으라 하셨다. 초초히 기다린 시간은 두 시간이 지났다. 입을 열었다 했다. 팔다리도 움직였다.

제일 첫 마디가 "엄마 학교 가지 마."이다.

동호 에미가 다섯 살 때 일이다. 동호도 그런 엄마 그리는 마음을 엄마 T셔츠에 담아 안고 다니며 냄새를 맡는 것이다. 엄마와 있고 싶은 마음이 쌓이고 쌓여 무언증으로 나타났다. 미안한 마음을 어떻게 전할까? 가슴이 미어지는 듯했다. 한숨은 돌렸지만 생각이 많았다. 남의 자식 교육보다 내 자식 교육 아니 장래가 걱정되었다.

이 사건으로 사표내기에 충분한 이유가 되었다. 10년 만에 과감하게 아까운 교직을 접었다. 연금시대에 살면서 아쉬울 때도 있다. 전교생이 모인 아침 조회 퇴임식에서 눈물 섞인 퇴임사를 했다. 중학교 3년, 고등학교 3년 또 그곳서 10년 봉직동

안 결혼, 두 남매 출산, 학창시절까지 합쳐 16년을 몸담았던 직장을 떠나는 서운함에서였다. 모교이기 때문에 감회가 남달랐다.

지금 아들딸은 엄마가 아주 탁월한 선택을 했단다. 엄마가 집에서 공부를 가르쳐주어서가 아니라 엄마가 집에 있음이 좋았단다. 마음에 안정이 와서 공부가 잘되었다고 실토한다. 그래서 아들은 아내가 아이들만 키우기를 희망한다. 동생에게도 동호만 키우기를 권유하고 있는 중이다.

며칠 전 동호가 엄마 T셔츠에서 엄마냄새가 안 난다고 했다. 아! 이젠 집착에서 벗어나려나하고 반가웠다. "엄마가 입는 옷이라야 엄마 냄새가 나지." 다 떨어져 구멍이 숭숭 난 T셔츠를 들고 다 같이 크게 웃었다.

동호는 지금 동생 때문에 엄마가 집에 있어 행복하다. 어린 나이에 비해 언어구사력이 뛰어나다. 국어교사인 엄마의 영향인 것 같다. 때론 동생에게 미운 짓도 하지만 어른스러울 때도 많다. 그러나 엄마 T셔츠만은 여전히 챙겨든다. 자연스런 일상이 되었다.

한글도 가르쳐 주시는 할머니 할아버지 정성은 오늘도 계속된다. 유치원가고 오는 것을 맡아주시고 놀아주신다. 주위의 사랑을 맘껏 받고 자라는 동호는 장차 어떤 반짝이는 별이 될 것인가.

네 살 터울 동생의 오빠가 된 동호! 인디안 핑크빛의 엄마 T셔츠까지도 여섯 살 유치원생이 되기까지 한몫을 한 셈이다.

(2012. 5.)

나의 자화상

얼마나 잤을까? 오늘도 변함없이 5시 전광판 시계에 눈이 간다.

"주님 오늘도 다시 기도 드리게 하심 감사드립니다. 동도 트기 전 학교로 향하는 석진이의 발길을 보호해 주시고, 저와 함께 하셔서 늘 건강 지켜 주실 것과 온 가족의 평안을 빕니다. 거룩하신 예수님 이름으로 기도드립니다. 아멘."

매일 새벽 6시면 창문을 열고 학교로 향하는 아들에게 손을 흔들며 하는 기도다.

한 시간 더 일찍 나가는 남편. 이때의 기도도 간절한 기도

다. 그 마음을 손가락으로 그린 V자에 담아 전송한다. 과일 주스 만드는 기계의 소음과 조간신문 던져지는 소리가 새벽의 정적을 깨며 식구마다 시간이 다른 아침상을 준비한다. 오늘은 무엇을 해다 드리나? 간병 아줌마는 무엇을…. 2년째 중풍으로 입원 중이신 시어머님의 병환으로 깨져버린 생활의 리듬으로 머리와 어깨가 무겁다. 내 부모와 그이의 부모를 구별하는 못된 내 자신을 반성하기도 하며 이렇게 허둥대다 보면 부엌에서 벌써 10시가 넘는다.

피곤이 몰려온다. 갈 곳도 할 일도 많은데 종종 걸음으로 식구들 나간 자리를 정리한다. 해야 할 빨랫감도 많다. 파출부를 시켜도 내가 한 것만 못 해하는 모난 성격 탓으로 고생이다. 운동모임, 장보기, 전화걸기.

오! 하나님 제게 하루를 30시간으로 주실 수는 없는지요?

이런 기도가 나올 정도로 하루가 내 생애의 획을 긋는 순간이다. 피난민, 시누이 일곱, 가난뱅이, 이런 이유로 결사반대하는 결혼을 한 덕이랄까. 거미줄처럼 엉킨 일들 속에 어머니라는 이름 아래 강요되는 자발적 희생이 이런 감사를 말해준다. 나에게 사랑스런 그이와 아들딸이 있기에.

내 아이들 이야기를 할 때마다 신나고 기분이 좋다. 공부 잘

해 대학에도 척척, 겸손하고 검소하며 희생, 봉사정신이 뛰어나고, 예배 때 피아노를 반주하는 크리스천이기도 하다. 효성도 지극하여 엄마 수고한다고 어깨를 두드리는 사랑의 손길도 나를 기쁘게 한다. 늘 자기의 있는 곳을 전화로 알려주는 그이를 닮은 자상함도 사랑스럽다. 그래서 누가 묻지 않아도 그들의 얘기를 하고 싶을 때가 많다.

어떻게든 기회를 만들어 여행과 운동을 함께 즐겨 나를 기쁘게 해주려는 남편. 하고 싶은 것 거의 다해 가며 사는 생활의 여유도 감사의 원인이다.

어려운 생활 속에서 아이들을 기르며 했던 교직생활. 코피가 터지는 피곤 속에서도 집에 와서 아이들만 보면 새 힘이 솟아나던 그 때. 나의 인생의 Golden Time이요, 절정기가 아니었나 싶다.

50줄에 선 나를 돌아본다. 얼굴에 훈장처럼 단 주름이며, 반백의 머리. 인생에서 겨울로 접어든 기분과 허무를 느낄 때도 때로는 있다. 그러나 세상의 모든 것이 바람에 날아가도 내일의 태양은 또 다시 떠오르겠지.

두 아이의 진로, 결혼에 내가 무슨 힘이 되어줄까? 간절하고 끊임없는 기도밖에 무엇이 있을까? 주님께 모두 맡겨야지. 오!

주님.

해산의 고통에서 아이를 얻으면 세상에 사람 난 기쁨으로 인하여 진통은 다시 기억되지 아니하듯이 우리 기쁨이 다시 보이려니.

지금부터라도 알차게 살아보려는 의지와 사랑스런 우리 아이들에게 신세 안지고 건강히 독립해 살리라. 미약해도 그들에게 힘이 되어 주리라. 영원히 사랑하리라. 남은 생은 이렇게 지내고 싶다.

낳아 주신 부모님께 못한 효도도, 형제자매에게도 못 다한 사랑을, 이웃과 내 교회 성도들에게도 사랑을, 사느라 분주 속에 묻혔던 기억 속의 친구들도 꺼내내고 싶다. 늘 쓰고 싶었지만 못 써 왔던 글들도 종이에 옮기고 싶다. 인간의 마음과 지성은 기만 특히 자기기만에 익숙하다 했던가.

물론 이것은 악의적인 것은 아니고 무의식적으로 그렇게 되는 것이지만.

2

돼지 세 마리

돼지꿈을 태몽으로 꾼 아들과
보석 반지를 꾼 딸을 낳은 후
재산도 모이고 모든 일이 순조롭게 잘 풀려 나갔다.
태몽에서 보인 돼지 세 마리가
아들 삼형제를 주신 것인데
아이를 낳으려다 말았다고
시 어머님께선 많이 아쉬워 하셨다.
그 말씀도 맞는다 생각했지만
남매로 만족하기로 했다.
하나님께서 주신 최상의 선물이기에.

돼지 세 마리

"꿀 꿀 꿀"

새까맣게 윤이 반질반질 흐르는 돼지 세 마리. 우리 안에서 금방 낳은 새끼 돼지 답지 않게 이리저리 넓은 우리를 헤맨다. 수염을 길게 기르신 증조부께서 돼지를 쓰다듬으며 "이 돼지는 학용이 돼지다."라고 하셨다.

큰 아이 가졌을 때다. 물 한 모금도 못 마시는 심한 입덧 때문에 직장도 쉬며 동학사 근처에 가서 시내병원의 의사 왕진을 청해 링거액으로 버티고 있을 때 꾸었던 꿈이다. 모두들 아들 낳을 태몽이라 했다. 그 이듬해 3월 27일 진통으로 입원했으나 계속 진통만 계속되었다. 난 아주 지친 상태였다. "아휴 산모가 살아야지."

친정엄마께선 안타까워 하셨다. 남들은 배 아프며 낳는다는데 배 아픔에 더하여 허리까지 심히 아픈 터라 남편이 얼마나 발꿈치로 밀었던지 허리가 손등처럼 부었다.

드디어 사흘 뒤 새벽 여섯시. 72시간 진통 끝에 아들 분만. 1971년 3월 30일이다. 돼지띠인 건강한 아들의 탄생. 돼지 죽 먹이는 아침 시간이라 먹을 복도 있을 것이라고 했다. 독자인 남편에게서의 첫아들은 식구들의 큰 기쁨이었다. 아들은 이대 독자인 셈이다. 더구나 시누이가 일곱 명이나 되는 혈통으로 보아 아들 낳을 확률은 희박하리라 생각했었다. 출산 준비물도 다 분홍색으로 했었다. 아들이라는 소식에 남편은 나가더니 아직 문을 열지도 않은 통닭집에 가서 기다리고 섰다가 닭을 한 마리 사왔더란다. 친정어머님께서는 제삿날인데도 못 가시고 병실을 지키셨다.

이렇게 요란스레 낳은 아들은 낳을 때 3.2kg에서 유치원 추첨 때는 유치원생들의 의자를 두 개 놓고 앉을 정도로 실하게 자라 다섯 살 때부터 버스 요금을 내야 했다. 초등학생인데 요금을 안 내려고 속인다는 안내양의 등쌀에 못 이겨서 말이다.

유치원에서 몸이 불편한 친구를 번쩍 안아서 자리를 옮겨 주던 힘과 마음 씀도 이때부터였다. 유치원 선생님께선 포동포동한 손이 귀엽다고 아들 손만 잡고 다니셨다.

초등학교 운동회 때였다. 엄마와 아이들이 함께 춤을 추고 마지막에 아이를 업고 운동장을 한 바퀴 도는 순서가 있었다. 물론 180명 중 우리 모자만 걸어가고 있었다. 무거워서 못 업었다. 관중들의 박수 소리가 부끄럽게 들렸다.

돼지띠답게 잘 먹고 잘 자랐다. 보리차도 맛있다고 엄마 어떻게 끓여서 이렇게 맛이 있느냐고 할 정도의 먹성은 놀랄만했다. 고교 때 90kg이 훨씬 넘던 체구가 대학생이 되고 군에 입대하면서 살이 빠지더니 지금은 보기 좋게 균형 잡힌 멋있는 장래 신랑감이다. 또 천체 우주학을 연구하는 천문학 박사의 꿈을 꾸는 석사 과정 수업을 열심히 받고 있기도 하다. 2년 차이 여동생과는 너무너무 잘 어울리는 오빠다. 이렇게 자랄 때까지는 어려움도 많았다. 직장에 다니며 일하는 사람에게 맡겨야 했다. 아이들은 엄마와 종일 떨어져 있음을 늘 아쉬워했다. 주일날 엄마가 집에 있으면 지나가는 엿장수에게 "아저씨 우리 엄마 집에 있어요." 라고 외치며 따라 다녔다.

내가 근무하는 학교서 하기식에 나오는 애국가만 들려도 엄마 퇴근시간인줄 알고 쪼르르 학교 정문 앞에 와서 앉아 있어 처랑하기까지 했다. 그 남매가 지금은 어엿한 성인이 되어 엄마 아빠가 늙어가는 모습을 안타까워하며 어깨를 주물러 주고 모든 것에 감사할 줄 아는 신실한 크리스천이 되었다. 중·고등학교를 기독교학교에 다니면서 싹튼 믿음이 지금까지 잘 자라주었다. 하나님을 사랑하는 사람의 마음은 항상 봄이라 했던가? 모두다 하나님께 감사드릴 뿐이다.

개인은 인간 교제라는 여과기를 거쳐 인격의 대성을 이룬다 했다. 모든 세상사의 과정을 겪는 동안 빛과 소금의 역할을 하는 자리에 서기를 바라는 마음이다. 언제나 남매를 바라보면 신선하고 아름다운 감동이 영원히 식지 않기를 기도한다. 남매의 진로와 배우자를 고르는 데도 하나님의 간섭하심을 원한다.

돼지꿈을 태몽으로 꾼 아들과 보석 반지를 꾼 딸을 낳은 후 재산도 모이고 모든 일이 순조롭게 잘 풀려 나갔다. 태몽에서 보인 돼지 세 마리가 아들 삼형제를 주신 것인데 아이를 낳으려다 말았다고 시 어머님께선 많이 아쉬워 하셨다. 그 말씀도 맞는다 생각했지만 남매로 만족하기로 했다. 하나님께서 주신 최상의 선물이기에.

어렸을 때 돼지 새끼를 낳으면 증조부께서 사랑방에 큰 바구니를 놓고 그 안에 돼지 새끼를 담아 놓으셨고 우리들은 안채에서 자다가 모두 사랑으로 나가 돼지 새끼 구경에 밤을 새웠다. 돼지 발목에 우리들의 이름이 붙여졌다. 이 돼지가 자라서 장에 팔리면 우리들에게 용돈으로 주시던 생생한 추억이 아들의 태몽과 함께 되살아난다.

(월간 『문예사조』, 신인상 당선.1997, 통권 85호)

〈수필당선소감〉

글을 쓸 수 있는 건강과 지혜!

고교, 대학시절 신문기자 노릇을 했다. 그 후 필을 놓은 지 30여 년.

고교 때 「죽겠다」라는 제목의 수필로 교내 문학 작품 발표회에서 1등을 수상한 후 처음 상을 받는 셈이다. 부족한 글을 추천해 주신 모든 분들께 감사드리며 이 영광을 하나님께 돌리고 남편과 아들, 딸과 함께 나누고 싶다.

"주님, 계속해서 글을 쓸 수 있는 건강과 지혜를 주소서."

〈수필심사평〉

최 학용의 「돼지 세 마리」

절로 미소가 지어지는 작품이다. 모든 것이 소원대로 이루어지면 도리어 불안해지기도 하는 것인데 여기서는 그런 불안이 말끔히 가셔져 있다.

인생을 관조하는 면에서는 약간 약점이 없지도 않으나 문장의 흐름이 매끄럽고 주제 의식이 뚜렷하여 충분히 선에 들 수 있는 작품으로 생각된다.

앞으로 보다 문학성이 있는 작품도 쓸 수 있을 것으로 생각한다.

문장을 쓰는 기초가 확고한 것을 알 수 있다. 앞으로 더욱 기대를 걸어 보겠다. - 심사위원, 조봉제, 채수영

여행

두 아이의 대학 입학 후 몇 년째 신정, 구정, 팔월 추석 연휴만 되면 우리는 으레 가방을 챙긴다. 어디로 가는지는 우리 마음대로가 아니다. 여행사를 경영하고 있는 제자 덕분에 그 여행사 사정대로 따르는 여행이 되었다. 수속도 다 해주니 귀찮을 게 없다. 물론 패키지 투어(package tour)지만. 가방 챙기기는 번거롭지만 구질구질하고 복잡함을 떠난다는 자체가 여행의 즐거움이 아닐까? 어디를 보든 현란한 원색의 욕망만이 범람하는 이 세상에서 여행은 상큼한 생활의 활력소가 될 수 있다. 유토피아도 '실현 불가능한 꿈의 세계'라는데 뭐 별 소득이야 있으랴만.

언제 어디를 갔었는지, 머리에 떠오르는 곳이 어느 나라인지 혼돈이 될 때도 있다. 제임스 본드 섬(푸켓), 하와이, 고풍 어린 로마 특히 백화난만한 가운데 태양이 눈부시게 빛났던 상쾌함 그 자체였던 5월의 로마는 인상적이었다. 빌딩이 숲을 이룬 동경, 맨하탄의 뉴욕, 태국의 새벽 사원 등은 모두가 다시 가 보고 싶은 곳이다. 특히 옛 추억을 자주 말함은 늙어가는 징조라 해도 좋다.

지난 구정 땐 미국 자치령인 사이판과 미국 영토인 괌에 갔었다. 4시간 반 만에 내린 사이판 공항은 벽촌 같은 기분이 들었다. 남태평양의 낙원이라는 기대에는 미치지 못했지만 아주 조용한 곳, 정말 쉬고 싶은 곳이었다. 시드니에서 듣던 새소리와 같은 희귀한 아침 새가 우짖는 장엄한 호텔은 관광객이 많음을 뜻하리라. 하지만 오히려 우리 제주도가 크고 아름답게 느껴지기도 했다.

잘 도착했다고 전화를 해야지. 여행가면 아이들과 친정 부모님께 도착을 알리고 그날그날의 일정을 알리는 습관이 있다. 아이들 귀가가 확인될 때까지 잠 못 자는 못된 버릇이 있어 늘 왜 떼어놓고 왔나? 후회할 때가 있다.

“제대한 아들을 뭘 그리 걱정하나”

항상 소심한 나에게 그이는 느긋하게 말하곤 한다.

오픈 트럭에 타고, 위에선 나뭇가지가 찌르는 아주 험한 정글 길을 텅텅 튀며 달리던 일, 일본 사람들이 우리나라 사람을 마구 잡아 실험했던 병원 지하의 인간 의학 실험실은 스릴과 섬뜩함이 교차된다. 무엇보다 남태평양 바다를 끼고 18홀을 돌며 백구를 날리던 일은 잊지 못할 추억이다. 그이를 옆에 태우고 전동차를 몰던 그 맛도 색달랐다. 푸른 잔디, 알맞은 바람, 끝없이 펼쳐지는 맑고 파란 물. 가슴에 앉은 찌꺼기까지도 다 씻겨 내리는 듯했다.

상공을 날며 관광하는 이들을 실어 나르는 헬리콥터가 일정한 간격으로 클럽하우스 마당에 내린다. 이것도 구경거리였다. 산호가 둑을 이루어 물의 색깔이 여러 가지로 변하는 신비함. 축복받은 바다의 모습이랄까? 끝없이 이어지는 모래사장을 수영복 차림으로 거닐면서 우리는 서울의 깊은 겨울을 잊고 있었다.

그러나 김포에 비행기의 바퀴가 닿는 순간 상공을 날아야 하는 불안에서 해방된 환호 같은 안도의 깊은 숨을 쉰다. 그리고는 아기를 기다리는 엄마의 빛나는 행복감 같은 것을 느끼곤 한다. 사랑하는 딸이 정성을 다해 준비해 놓았을 김치찌개를 떠올리며.

(『독수리문학』 창간호 1996. 여름)

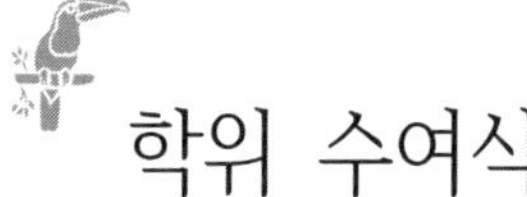

학위 수여식

2012년 2월 16일은 우리 집에 박사 2호가 탄생된 날이었다. 1호 박사 아들에 이어서 여러 가지 여건상 미루어오던 경영학 박사 학위를 남편이 받은 날이다. 그도 6년 만에. 그간 심장 스텐트 시술, 어깨 인대 파열로 내시경 수술, 갑상선 암 수술을 받으며 입원을 수차례. 힘든 기간도 있었다. 병실에서 링거를 꽂은 채 외출을 필히 해야 된다고 어린애처럼 보챌 때가 4년 전, 대신 등록을 마치고 오니 얼굴이 환해졌다.

밥을 안 먹으면 배가 고픈 것처럼 항상 무엇인가 정진하는 남편의 자세는 늘 나를 반성하게 했다. '목숨과 박사를 바꾸려

느냐? 하고 말렸지만 묵묵히 해냈다. 74세의 박사학위 수여식장. 총장님도 학위를 수여하시며 "오랫동안 힘드셨죠?" 라고 말씀하시더란다. 그간의 수고를 떠올리니, 그날의 식장 분위기는 화려하고 장엄하기까지 했다. 눈 속에 핀 겨울의 동백꽃에 비유될까?

학교 갈 땐 간식도 도시락도 싸야했다. 늦게 귀가할 때 늘 먼저 자라고 했다. 공부하고 오는 학생 학부형(?)이 어찌 잘 수 있을까? 기다리다 자는 시간을 놓쳐 밤을 하얗게 샐 때도 있었다. 하루 종일 회사일 마치고 또 책가방 들고 가는 학생이 지치지 않도록 조용히 기도만 할 뿐이었다.

성적표가 오는 날이면 좋은 성적에 늘 놀랐다. 무엇이든 악착같은 정신력의 결과다. 남들은 2,30대에 하는 것을 이제야 함이 부끄럽다고 하지만 아이같이 맑은 영혼을 가진 사람만이 해낼 수 있다고 여겨진다. 시작해 놓고 건강문제로 쉬고 있을 때 가슴을 무언가 짓누르고 있는 것 같았다고 했다. 이제는 후련함의 여세를 몰아 시간에 쫓기지 않는 쉼의 여생을 보냈으면 하는 바람이다.

만학을 하려면 생활 속에서 향상심을 유지하는 것이 제일 힘든 일인데. 언 땅에서 나온 봄나물이 차곡차곡 쌓아둔 땅기운을 지니고 나오듯이 인생의 응집된 실력이 생의 활력소가 되리라. 곁에서 늘 지켜보는 사람으로서 힘찬 축하의 박수를 보낸다. 나의 부족함을 어쩌나(?) 하는 고민에 빠져든다. 외우는 실력도 대단하다. 고등학교 교과서는 물론 소학서문 같은 고전을 줄줄 외운다. 아들딸이 아빠 닮은 게 얼마나 다행인지!

올해는 정말 축복받은 해인 것 같다. 남편이 2008년 외손자의 돌 지난 다음 주, 교회 출석을 시작했다. 주위에서 수많은 사람들의 기도가 이루어진 셈이다. 성경책을 선물한지 몇 년이 지났다. 제삿날만 되면 갈등도 만만치 않았었다. 그날은 작정하고 남편 구두를 가슴에 품고 가면 반은 나가는 게 아닐까? 그런 결심까지도 한 날이었다. 돌 잔칫날 목사님 모시고 행사를 가졌기에 더욱 아이들 위해서도 기도해 주고 싶은 갈급한 마음 때문이었다.

아침에 교회 갈 준비하고 나오는데 성경책을 들고 "여보 나도 교회 가려고"하며 단정한 양복 차림으로 서 있는 게 아닌가? 드디어 주님이 마음을 움직여 주셨구나. 감사한 마음이 얼마나 크던지 예배 중 내내 봇물처럼 터져 나오는 눈물이 말해주었다.

그 후 3년. 올해 2월 박사학위 수여와 동시에 명예 집사 직분을 받게 되었다. 동시에 얻은 박사와 집사 "나중 된 자가 먼저 된다."는 말을 믿으며 집사라 부르기를 앞세우려 한다. 오랜 공부기간도 지켜주신 주님께 감사드리며 신실한 믿음으로 나가기를 기도드린다.

학위수여식, 공부는 서울 캠퍼스에서 했으나 수여식은 아산 캠퍼스에서였다. 너무 어렵게 했기에 양쪽 형제들과 함께 축하해 주려 했었다. 그러나 그곳 주변 교통여건상 6시 반에 출발했다. 마침 외국서 나와 잠시 머물고 있는 여동생과 단출하게 참석했다. 수여식을 마치고 난 후 많은 사람들로부터 축하를 받았다. 대표적인 축하자리는 93세인 아버지 생신 모임에서다. 아버지 생신 축하 후 올케가 해온 약식 한판을 놓고 가운데 촛불을 켜고 "박사축하 합니다."를 생일축하 노래 가사에 넣어 30여 명이 손뼉을 치며 우렁차게 불렀다.

아버지께서는 앉아 계시기도 어려우실 텐데 두 시간이나 함께 하셨다. 논문집을 맨 처음 아버지께 보여드리고자 찾아뵈었을 때, "내가 사위 박사하는 것 보려고 여태 살았나봐" 하시며 격려해 주셨다. 수고했다는 말씀도 여러 번 해 주셨다. 차를 새로 바꿀 때도 꼭 아버지를 먼저 태워드리기를 권하는 남편의 배려가 이번에도 또 나를 흐뭇하게 했다. 아버지께서 아무것도 안 하시는듯해도 우리 곁에 계심만으로 우리들에게 힘이 되심을 마음에 다시 새긴다.

지난주 추위도 잊은 채 시부모님 산소에 들러 학위수여증을 보여드리고 왔다. 시어머님께서 7년 동안 병원에 입원해 계실 때, 매일 문안드리던 효자 아들. 얼마나 대견스러웠을까? 부모님 보시기에, 오늘 남편의 이런 작은 일 들이 살아가면서 점점 아이들에게 귀감이 되기를 비는 아침. 멀리 미국에 있는 아들과 딸의 축하 꽃들이 환하게 웃으며 안긴다.

(『수필문학 』 2012. 4월호 통권 제249호』)

예쁜 여자 선생님

"어머니! 지원이 달리기 1등 했어요. 예쁜 여자 선생님을 찾아 같이 달리는 쪽지를 집었나 봐요. 야호!"

예상치 못한 1등에 흥분했나보다. 며느리의 문자가 카카오톡에 들어왔다.

지원이의 손등에 1등 표시 도장이 찍힌 것을 사진으로 보내왔다.

2002년 월드컵 시작 일에 태어난 지원이는 척추 액이 미세하게 샌다하여 수술을 두 번이나 했다. 출생 후 바로 한 수술인지라 그때는 염려도 많이 했다. 부작용을 나열하는 주치의사의 설명에 청천벽력 같은 충격을 감당하기 어려웠다. 하지만 외면치 않으시는 주님의 끝없으신 사랑과 주위의 기도로 오늘의 건강한 6학년생이 되었다.

잘 자라 키도 크고 성격도 밝은 모습이 대견스럽다. 요즘 아이들이 얼마나 바쁜가? 지원이도 예외가 아니다. 주말마다 오던 발길도 뜸해지고 보고 싶으면 우리가 가서 보고 오기도 한다.

출생 6개월 때다. 영국 옥스퍼드대 연구원으로 가는 아빠 따라 온 식구가 영국서 3년을 보내고, 4학년 때는 미국 보스턴 하버드대학교 안식년을 보내느라 2년 동안 떨어져 있어서 정이 더 그리웠던 손녀다.

무엇이든 잘 먹는 지원이는 먹고도 금방 배고프다며 "엄마 우리 밥 먹었어? 라고 묻는 다니, 식욕이 얼마나 왕성한지 쑥쑥 자라는 이유를 알겠다.

오자미로 터뜨린 바구니 속에서 '맛있는 점심시간'이란 글자가 나오며 점심시간을 알렸다. 이 순서는 1학년 꼬마들의 사력을 다한 1부 마지막 순서였다.

며느리가 정성스레 준비한 김밥과 유부초밥은 스탠드에 둘러앉아 먹기 딱 좋았다. 정성이 담긴 준비였다.

백군석 운동장 6학년 자리에서 부모석으로 뛰어 오른 지원이가 할아버지 할머니를 반가이 맞았다.

배가 많이 고프다며 손 닦을 시간도 없이 엄마가 집어주는 김밥을 널름널름 잘도 받아먹었다.

엄마들의 달리기 순서에선 꼴인 지점 가까이서 넘어지는 광경을 보며 평상시의 운동 부족의 아쉬움을 절감했다. 1, 2. 3 학년 릴레이에선 요즘 아이들의 순발력에 미래를 보는 듯 희망찬 박수를 많이 보냈다.

아빠들과의 줄다리기에선 청군의 승리. 지원이가 아빠랑 참석한 경기였다. 아쉽게도 결혼식에 참석할 데가 있어 지원이 달리기와 아빠랑 참석한 줄다리기를 못 보아서 아쉬웠다.

차중에서 며느리가 보내는 문자와 사진으로 보았다. 날씨도 시원한 바람이 오는 가을을 알리고, 햇볕도 쨍쨍 쪼이지 않았다. 비가 온다는 예보와는 달리 운동회 하기 최적의 날씨였다.

나의 초등학교 시절 큰 나무 그늘에서 삶은 밤을 까먹으며 목이 터져라 응원도하고 달리기도 하던 운동회가 떠오르고, 아들 초등학교 때 엄마와 같이 했던 무용도 생각나 입가엔 미소가 번진다. 학생을 업고 퇴장 하는 끝 부분에서 과체중 아들을 업지 못해 관중들의 웃음을 샀던 일이 생각나서다. 얼마나 창피했던지.

5년 전 큰 손녀 혜원이가 운동회에서 릴레이 선수로 선전하던 일은 언제 생각해도 기분 좋은 추억이다.

백군을 응원 하느라 박수를 얼마나 많이 쳤는지 손바닥이 빨갛다.

시드니서 다니러 왔다가 고국에서의 운동회를 수년 만에 구경한 내 동생은 순서마다 흥분을 힘찬 박수로 쏟아 냈다.

다리 수술 날을 받아 놓은 외손자 동호 걱정에 두통이 심했다. 진통제를 계속 쓰는 중인데 많이 친 박수 덕에 머리가 개운했다. 몸이 안 좋아서 운동회에 못 가면 어쩌지 하고 얼마나 걱정했던가.

언제나 나에서 힘주는 손녀의 기를 받아서인지 운동회에서 재충전하여 머리 식히고 가족과 같이한 귀중한 자리였다. 이젠 손녀딸 혜원, 지원이 초등학교 때 운동회는 끝이다. 외손자 동호와 외손녀 오성이의 운동회를 기다리려면 건강해야 된다.

5년 전 혜원이의 운동회에선 청군인 혜원이 편 승리, 오늘 지원이의 운동회에선 백군인 지원이 팀의 승리였다.

윤지원 파이팅!

스코어판까지 찍어 보내며 끝까지 운동회 실황중개를 해준 며느리의 자상함이 오늘도 고마움과 사랑으로 내 가슴에 새겨진다.

쑥쑥 자라는 혜원 이와 지원 이에게 평탄한 앞날을 위해 기도한다. 기도가 간절하면 그대로 이루어진다는 믿음으로.

달리기에 자신 없어 할머니 할아버지 오시는 게 창피하다던 걱정은 안 해도 되었던 일이었다. 당당히 1등을 했으니….

2014년 9월 27일 명지 초등학교 운동장에서 있었던 지원이의 멋있었던 운동회 풍경이다. (2014. 9. 27.)

옥스퍼드로 떠나는 식구

인천 공항으로 향하는 길가엔 개나리, 진달래가 활짝 피어 색으로 승부를 겨루기라도 할 양으로 아름다움을 자랑한다.

봄볕이 완연하다. 차창으로 들어오는 따스함이 겨울동안 움츠렸던 어깨를 펴준다. 차체가 흔들릴 정도의 바람이 세다. 봄바람치고는 심한 듯하다. 봄 풀 향기가 근처 습지 흙냄새와 어우러져 대기 속에 퍼지는 게 아지랑이로 보인다.

영국 옥스퍼드대학교 연구원으로 있는 아들네 네 식구 중 며느리와 두 손녀가 귀국하였다가 한 달 만에 출국하는 날이다.

뭐 필요한 것 없나 하고 이것저것 사러 다니랴, 섭섭한 마음이 더하여 피곤을 부추긴다. 공항에도 못 가려나 했는데 손녀 둘이 기운을 돋운다.

차례로 "할머니 사랑해. 나 샤워시켜줘." 어미가 할머니 힘드셔서 안 된다 해도 막무가내다. 샤워를 시켰다. 만지는 살갗의 감촉에서 무한한 행복을 느낀다. 새로 솟는 기운. 어디서 오나? 손녀딸들에게서 온다.

30대 때 직장에서 지쳐 기진맥진 퇴근하여 집에 오면 아들, 딸을 보는 순간 새로운 기운이 났던 시절이 생각난다. 이제 어지간히 컸기에 머리 감기는 것도 별로 문제되지 않았다. 물 받아 놓고 물장난하고 싶다는 것을 비행기 놓친다고 서둘러 샤워를 마쳤다.

작은 손녀는 아빠 만난다고 좋아서 흥분하고, 큰 손녀는 아빠도 보고 싶고, 할머니, 할아버지, 고모와 떨어져 가기도 싫은 모양이다.

고모 출근하면 인사 못한다고 어젯밤 인사 나누라 했더니 고모 품에 안겨 울었다. 커가며 헤어짐의 서운한 감정을 아는 듯했다. 방학하면 고모랑 할머니랑 옥스퍼드에 간다고 달랬다.

"할머니 보고 싶어도 참을게. 매일 전화하면 되잖아."

할머니를 위로하듯 어른스런 말을 해서 깜짝 놀랐다. 할머니

한테 간다고 한 달 전부터 손꼽아 기다려 왔는데 벌써 출국하는 날이 되었으니 아쉬움을 어쩌랴, 한 달이 빨리도 지나갔다.

뜻하지 않은 친정어머니의 수술로 정신없이 지내느라 애들에게 해 준 것도 없다. 증조할머니 병원에 두 번 데리고 가고, 놀이터 몇 번, 갈비 먹으러 두 번, 고작 함께한 시간이 이것이었단 말인가. 데리고 가고 싶은 곳도 많고 계획도 많았는데 지나고 나니 후회 뿐 아쉬움이 많았다.

지난 8월에 갔을 때보다 작은 손녀가 말을 곧잘 했다. 의사소통은 물론 제법 문장을 만들어 의견을 표현하는 정도가 되었다.

"애기는 말 못해. 왜냐하면 애기니까"

이런 말도 할 줄 안다.

"난 할머니가 세상에서 제일 좋아."

"할머니 나 좋아해?"라고 묻는다. 할머니 좋아하는 색이 무슨 색이냐고 물었다. 할머니가 보라색을 좋아한다 했더니 온통 색칠공부 책에 과일이며 꽃들을 보라색으로만 칠한다. 할머니 좋아하는 색이라고…. 이런 행복감을 돈으로 살 수 있을까?

2002년. 6개월짜리를 포대기에 싸서 옥스퍼드에 간지 2년 반. 이젠 벌써 컸다고 언니 하는 대로 무엇이든지 따라 한다.

큰 손녀는 동생을 예뻐하다가도 귀찮게 군다며 쥐어박기도

하고 동생 때문에 힘들다고 엄살도 부린다. 한번은 동생이 운다고 비닐봉지를 얼굴에 씌었다. 깜짝 놀라서 그러면 안 된다고 했더니 우는 소리 시끄러워서 그랬단다. 말의 섬세한 맛을 내듯 그럴듯한 표현도 쓸 줄 아니 기특하다.

식혜를 좋아하는 큰 손녀. 엿기름을 가져가서 갈 때마다 해주었다. 자다가도 깨면 식혜를 찾았다. 나란히 누워 자는데 창밖에 둥근 달이 보였다. 영국에서 보이는 이 달이 한국에서 보는 그 달이냐고 묻는다. 너무 시적인 질문인가? 천문학적인 질문인가? 책을 일곱 권이나 낸 글 잘 쓰는 할아버지, 천문우주학을 전공하는 세계적인 학자인 애비의 유전자를 받은 모양이다. 유치원 다니는 큰 손녀는 영어글자를 쓰기도 하고 영어를 곧잘 한다. 우리말은 자꾸 잊어가는 것 같았다.

출국장으로 나가기 직전 또 아쉬움과 미련 때문에 마지막 순간 운동화를 새로 사 신겼다. 우리는 서로 눈물을 주체하지 못했다. 더 크면 몰라도 우린 지금 짝사랑 아닌 진짜 사랑을 서로하고 있는 것이다. 앉고, 서며 유리문을 통해 뒷모습이 보이지 않을 때까지 보고 또 보고, 평소 다리 아픔도 잊어버린 채…. 가장 먼저 마중 나오고 가장 멀리 배웅하는 사람이 가족이라했지. 손녀들은 가족의 사랑을 듬뿍 안고 떠났다.

연구원으로서의 일에 밀려 같이 오지 못한 아들이 많이 보고 싶다. 가서보면 새벽부터 늦은 저녁까지 연구실에 매어있음이 딱하면서도 착실한 연구에 기대를 걸었다.

이런 끈끈한 가족사랑은 3년 체류기간 동안 네 번이나 아이들을 보러가게 했다. 극성스런 강행군이었다. 교회에서 시어머니가 오신다 했더니 전번에 오신 시어머니가 또 오시느냐고 물었을 정도다.

지금 10시간 비행으로 가라면 못 갈 것 같다. 오직 아이들 보고 싶은 간절한 마음이 있었기에 가능한 일이었다. 집으로 오는 길. 하늘 높이 나는 비행기가 전부 영국 히드로행 비행기로 보인다.

10시간 비행 후면 아들과 세 식구의 만남을 그려본다. 나는 손녀들의 여기저기 늘어놓은 장난감을 바라보며 눈이 또 흐려지겠지! 남은 기간 동안 잘 마치고 무사히 귀국하기를 기도 한다.

(2005. 4.)

선생님 저를 살려 주세요

"선생님! 저를 살려 주세요. 제발! 아직 공부해야할 아들딸이 있어요."

의사선생님의 가운을 잡고 애원했다.

18년 전 위암 진단 후 항암제를 맞아야 한다고 종양내과 선생님을 만나는 자리에서다.

"초등학생 자녀가 있을 연세는 아닌데 혹시 우울증 아니세요?"

주치의의 퉁명스런 대답이 날아왔다. 잔뜩 긴장하고 주치의 얼굴만 쳐다보던 우리 가족들은 어리둥절했다. 가슴에 비수가 꽂힌 듯한 내 마음 누가 짐작이나 했을까? 보호자는 한 명만 들어오라는데 우리는 보호자도 여럿이 들어갔다. 이것도 주치의 심사를 거슬렀으리란 생각도 했다.

그 후 네 번의 항암 주사. 신문 활자에서 항자만 보아도 머리카락이 섰다. 그때의 구토와 이상한 입맛, 수십 년 정체된 개천 흙을 입에 넣으면 이 맛일까? 몸이 바짝 바짝 마르는 듯한 기분이었다. 주사 후 1시간 후면 어김없이 찾아오는 몸부림칠 정도의 괴로움, 진통제도 소용이 없었다.

4주마다 맞는 주사는 백혈구 부족이 나타나서 지연 되고 몇 개월씩 걸렸다.

좋다는 것은 일본까지도 가서 구해 온 남편. 백혈구 수치 높이는 일까지도 도와준 셈이다. 머리카락은 우수수 온몸에 털이란 털은 모두 빠질 정도의 독한 약. 위암 치료 항암제가 더 심한 탈모를 일으킨다는 것이다.

여자에게 머리란 얼마나 중요한가. 나는 잘 때도 모자를 썼다. 새벽 혈압, 체온, 맥박 체크 들어오는 간호사들에게도 보이기 싫어서였다.

대학원 다니던 딸은 엄마 잠 못 잘까봐 이불을 뒤집어쓰고 손전등을 켜고 공부를 했다. 몸부림치며 울던 아들의 뜨거운 눈물은 내 뺨에 흘러내려 암세포를 죽이는 것 같은 생각까지 들었다. 이런 감정이 모자 모녀간의 철륜이라는 생각이 든다. 며느리 감도 자주 들려 나를 기쁘게 했다.

언니와 올케들이 이런 저런 죽을 쑤어 날랐다. 물도 삼킬 수 없는 상황이었다. 혀에는 물집이 밥풀같이 앞뒤로 붙어 있었다. 병문안 오면서 모자를 사다 주는 친구들도 있었다. 가발도 샀다. 그때 주사실 앞에서 모자 쓴 사람들은 항암제 맞는 사람들이구나라는 생각이 들 정도로 모두 모자를 쓰고 있었다.

체중은 매일 1킬로그램씩 빠졌다. 주사 네 번 마친 후는 17킬로그램이 줄었다.

내 몰골과 최악의 무기력, 극단적인 생각도 했을 정도였다. 이때 호주 시드니에 이민 간 동생이 왔다. 가족들이 이모와 한 달만이라도 같이 있다오라고 했단다. 다시 일어설 용기를 주었다.

모시고 살던 시어머님께선 몇 년째 병원에 입원하신 상황이었다. 집안은 편치 안았다. 속이 쓰리고 아팠다. 동네 내과서 신경성 위염이라 했다. 약을 먹으며 죽을 먹었다. 조금 좋아지다가 다시 쓰린 증상이 있었다.

나중엔 위암일 것이라는 진단을 자신이 미리 내리고 겁이나 병원도 못 가고 지났다. 거의 실신상태로 응급실에 가게 되었다. 병명을 못 찾았다. 일주일 간 매일 위내시경을 했다. 금식할 때 속 쓰림 증상은 극에 달했다. 우리 교회 목사님이 아침저녁으로 오셔 기도해 주시고 내시경실까지 휠체어로 밀어주셨다. 속 쓰림을 참지 못해 목사님 팔을 잡아당기고 쥐어뜯기 까지 했다.

지나고 보니 위의 증상 중 제일 나쁜 것이 속 쓰림임을 그때 알았다. 미국 병원에 가서 수술 받자는 남편의 제의가 있었다. 시어머님도 병원에 계셨고 친정 부모님께선 아픈 딸을 멀리 보내고 얼마나 걱정을 하실까 생각되어 의논 끝에 국내병원서 수술 받기로 했다.

항암치료가 끝나고 위내시경 검사 결과는 좋다고 했다. 잔치 분위기였다.

오백 원짜리 동전만한 암세포 크기를 줄여서 수술한다 해서 안 하게 되던지 일부만 떼 내는 수술이라 생각했다.

· 1997년 9월 23일 드디어 수술 날

수술은 8시간이나 걸렸다. 부모님 형제자매 온 교인들이 모여 기도 했단다.

남편은 팔짱을 끼고 앉은 채 자리에서 꼼짝도 할 수 없었다고 그때 상황을 얘기했다. 겨우 마취에서 깨어날 때다. 수술 담당했던 선생님 회진이다.

아연 실색! 정신을 잃을 뻔했다. 위 전체를 절제했음을 의사와의 대화에서 알았다. 좋아졌다기에 그렇게 대수술이라곤 여기지 않았다. 명치서 배꼽 아래까지 두껍게 싸맨 부위가 터질 것처럼 분노가 폭발 할 듯 했다.

쓸개 없는 놈이란 말은 많이 들었어도 밥통이 없으면 어떻게 되는 것일까? 살아갈 일이 캄캄했다. 애들은 어쩌나! 머리엔 온통 그 생각뿐이었다.

떼어낸 위를 잘게 잘라 검사한다 했다. 수술이 추석 무렵이었다. 언니는 떡보가 떡을 못 먹게 될까 염려 되셨던지 송편을 미리 해 오셨다. 송편 한 대접을 단숨에 먹었다. 소화도 잘 시켰다.

검사결과를 놓고 항암치료 여부를 정하는 날이다. 다른 날보다 일찍 오빠가 부모님을 모시고 왔다. 매일 아침만 해 드시고는 곁에 계시다 가시던 부모님. 그날은 까치가 떼로 몰려와 오빠 차 주위를 맴돌며 짖어서 좋은 소식 들을 것 같은 예감이라 하셨다. 결과는 엄마의 예감이 맞았다. 항암제는 안 맞아도 된다 했다. 다행이란 생각과 오진 아닐까? 라는 생각이 교차 했다. 바로 다음날 남편은 구리 밭에 무공해 농사로 치료를 돕겠다며 천마밭 한쪽에 야채심기를 시작했다. 주말에만 갈 수 있으니 가면 일이 아주 많다고 했다. 혼자 하면서도 여러 가지를 재배해 주일날이면 많이 가져와 나누어 먹었다. 야채심기를 여러 해 계속 했다. 얼마나 힘들었을까? 아들딸이 같이 갔으면 좋은데 교회 가느라 함께하지 못함을 좀 서운히 생각했다. 남편은 교회 나가기 전이었기에. 야채농사 시작한지 얼마 후부터 그 지역의 땅 값이 많이 올랐다. 주위에선 마음을 잘 쓰니 복이 왔다고 자기 일처럼 좋아들 했다. 나도 "하나님이 복을 주셨나?" 라고 생각했다.

·18년째 주치의로 나의 건강을 돌봐주심

나를 우울증 환자로 몰던 주치의는 지금 18년째 내 병을 관리해 주시는 고마운 분이시다. 10년 전이었다. 아들의 연구가 쾌거를 올린 기사가 실린 일간지를 보여 드렸다. "우주 나이를 밝힌 그 젊은 과학자가 아드님이세요?" 정말 놀라시면서 저희들도 못 이룬 꿈 이라고 칭찬 해주셨다. 그 후로 나를 다시 보시고 항상 아들의 근황을 물어보시며 격려해주신다.

오늘도 3개월 만에 검사 후 결과 보는 날이다. 좋다며 용기를 주신다.

지팡이 짚은 게 안쓰러우셨던지 문을 열어주었다. 외국 학회 참석 후 아침에 귀국 바로 병원으로 와서 진료중이라니 얼마나 피곤하실까? 인삼 마 주스 한잔을 드리고 돌아서니 조금 마음이 편해진다. 찡그리고 아픈 하소연만 하는 환자들을 대하니 말이다. 언젠가는 신문에서 의학상 타신 기사를 보고 축하해 드렸다. 아드님 상에 비하면 대수롭지 않은 상이라며 겸손해하셨다. 오래도록 나의 건강을 맡고 계신 선생님과의 인연은 언제까지일까.

위를 조금이라도 남긴 사람과 나 같이 완전 절제한 사람은 엄청난 차이가 있음을 살면서 느낀다. 토함과 급한 설사 등 남

모르는 고통 중에 있으니 자신이 딱하다가도 이만함도 하나님 주신 복이라 여기며 살아간다. 수술할 때 아들딸에게 엄마가 어찌 될지 너희들 끼리 살아갈 마음의 각오를 하라고 했다. 바로 그 말을 받아 울면서 하는 말엔 많이 미안한 맘이었다. 엄마는 환갑 지나도록 부모님 사랑 받으며 누리고 살면서 우리보고 그런 당부가 가당키나 하냐는 뜻이었다.

먹는 게 부실하다 보니 그 여파로 여기저기 삐걱 대는 몸의 소리를 듣는다. 허리 무릎 등 여기저기 아프니 세계보건기구가 정의한 질병이나 단지 허약상태뿐만 아니라 육체적 정신적 사회적 안녕 상태라는 건강의 의미와는 거리가 멀다.

연로하신 은사님의 대전에서 병문안 오신일, 맞벌이하면서 주사 맞는 날이면 친구를 보내준 친구 남편도 고맙다. 시누이들 칠형제가 모아준 격려금, 매일 개근하셨던 부모님과 오빠의 위로, 예비 며느리였던 지금 며느리의 잦은 방문도 잊지 못한다. 난 이를 악물고 버티었다. 주위에서 기도해주신 분들 때문에라도 이겨야 한다고. 이기고 버틸 힘을 주시라고 기도한다.

선생님 제발 살려 주시라고 주치의 가운 잡고 애원하던 나는 살고 있다. 올 해도 찾아온 새봄의 기운을 호흡하며 하나님의 손길과 현대의학의 힘에 감사하면서. (20015. 봄)

스승의 날

싼타클로스 할아버지를 만난 어린아이처럼 기쁜 날. 환한 꽃바구니에 선물꾸러미를 들고 밝게 웃으며 제자 미원이가 왔다.

"선생님 왜 이렇게 마르시고 안색이 안 좋으세요?"

놀란 듯 현관에서부터 호들갑을 떤다. 눈물까지 훔치며. 내 건강 못 지켜 많이 늙은 모습 보여줌이 미안했다. 지난해 스승의 날 점심 초대받고 일 년 만이다. 시어른 모시고 지병 있는 남편 섬기며, 외손자 둘씩 둔 딸, 미혼인 딸을 가진 주부가 얼마나 일이 많은가. 졸업 후 계속 스승의 날을 잊지 않은 게 고맙다. 운전하느라 동행한 제자 남편의 아내사랑이 돋보여 흐뭇하긴 하지만. 이젠 그만해도 되는데 오히려 신경 쓰는 게 안쓰러운 생각이 든다.

나도 고등학교 때 선생님 몇 분을 일 년에 한두 차례 작은 선물을 보내드리거나 찾아뵙는다. 스승의 날, 명절 때에. 쉬운 일이 아님을 알기에 미원이에게 고마운 마음이 크다. 남편의 동행으로 밀린 얘기도 못하고 일어선다. 부잣집 사모님이니 무얼 줄까하다 시골서 가져온 잡곡 등을 챙겨 보냈다.

나의 스승님 중 두 분은 하늘나라로 가셨고 네 분만 남으셨다. 가슴 속엔 늘 봄날의 죽순같이 솟아나는 감사의 마음이 있기에 멈출 수 없는 일이다. 스승님들께서는 늘 전화로 집안얘기며 자녀들 얘기도 숨김없이 하시던 아버지 같으신 분들이시다.

A 선생님께서 얼마 전까지도 오랜 통화를 했는데 뜻밖에 가셨다. 댁에 찾아갔는데 사모님도 출타중이시고 미숫가루를 손수 타셨다며 준비해놓고 기다리셨다. 생신 때도 몇 번 찾아뵈었었다. 죽순과 참대 학교신문과 교지의 기자로서 편집 반장하던 때 동아출판사에 많이도 드나들었다. 선생님께서도 함께 가셨다. 기사 쓰고 교정보고 했던 일들이 추억이 되었다. 그로 인하여 오늘날 글을 쓰는 밑거름이 되었다.

「잃어버린 강아지」란 제목으로 중1학년 때 작문 숙제 낸 글이 교지 『참대』에 실리면서 내 글이 처음 활자화 되었었다. 이렇게 해서 고1때부터 기자가 되었다. 학교를 졸업하고 모교에서 교편을 잡게 되면서 국어선생님을 비롯하여 세분 스승님과 모교에서 함께 근무했었다. 그 세월만치 두터운 정이 쌓인 사이다.

B 선생님께선 동국대 국문학과 교수로 계시다 퇴임을 하시고, 대전 아드님 댁 가까이로 이사를 하셨다. 몇 번 찾아뵈올 때마다 힘드신 데도 엘리베이터까지 배웅을 하셨다. 사모님께서 말씀하시길 최 선생 올 때만 간신히 나오시는 거라 하셔서 어찌 마음이 찡한지. 회갑 때는 친정 부모님 그리고 우리 식구 모두 참석하여 축하를 해드렸다.

17년 전 내가 위 수술했을 때 어렵사리 대전서 병문안을 오셨다. 자상하신 스승님의 간절한 기도가 있었기에 지금 내가 있다고 생각된다. 그리고 우리 집안 행사 때마다 친필로 좋은 글을 족자로 만들어 주셨다.

C 선생님께선 경기도에 사시는데 나는 가끔 댁으로 뵈러간다. 연락을 드리면 뭐를 사줄까하고 몇 군데 음식점에서 시식까지 하셨다며 정하신 곳에서 맛있는 음식을 사주셨다. 집에 올 때 간식거리도 챙겨주셨다. 위 수술 환자임을 늘 기억하고

계신 사모님의 자상하심에 놀랐다.

선생님께서 그 자상하신 사모님께로부터 시(詩) 소재를 찾으셨기에 시인이 되시지 않았을까 생각된다. 꽃바구니 받으시던 날 전화로 "나 꽃바구니 앞에 앉아서 최 선생 생각하고 있어요. 이렇게 기분 좋고 행복할 수가 있을까요." 이 말씀에 자주 못 찾아뵙는 일이 죄송스러웠다.

고 3땐가 교내 글쓰기대회에서 「죽겠다」라는 제목의 산문이 장원에 뽑혔다. 그 후 후배들 국어시간에 '죽겠다'에 대한 작품 얘기를 많이 하셨다던데 무슨 말씀을 하셨을까? 제목 「죽겠다」에 관해서였을까?

D 선생님께선 사모님께서 병환 중이실 때 간호도 많이 해드렸었는데, 따님이 특히 아버지를 챙기셔서 베스트 드레서일 정도로 멋쟁이 선생님으로 통했었는데, 여섯 분 중 제일 먼저 세상을 뜨셨다. 그렇게 구수하게 엮어 주시던 국사시간의 역사 얘기를 이젠 어디서 들어 볼지.

E 선생님께선 얼마나 말씀이 없으신지 잠시 안부 인사를 하고 나면 사모님과 긴 통화를 한다. 자녀분들 자랑이 끝이 없으시다. 자랑거리가 많으시니 그만큼 행복하시겠지? 듣는 나도 기분이 좋다. 뭐든지 챙겨주시는 열성도 대단하시다. 모교 중

학교 교장을 지내시다 퇴임 하셨다.

G 선생님께선 청년 같으시다. 아침저녁 한 시간씩 산책을 즐기신단다. 꼿꼿하신 성품이 여전하시다. 청력이 안 좋으셔 사모님과 통화를 대신하고, 모교행사에서는 가끔 뵙는다. 언젠가는 두 분이 화분을 손수 차에 실어주시고 무엇이든 아낌없이 주신다. 잘 키워서 해마다 꽃을 피운다.

그 꽃을 볼 때마다 선생님 내외분 생각을 하게 된다. 작은 선물 보내도 꼭 답례로 좋은 것을 보내주시는 정성에 마음 둘 데가 없다. 독일어 시간 나에게 질문을 많이 하셔서 예습 복습을 꼭 준비했다. 이런 계기가 88올림픽 때 독일어 자원봉사를 할 만큼 독일어 실력이 향상되었다. 교감직을 맡으셨을 때였다. 아들이 아파서 조퇴를 했더니 댁에 있는 기응환을 가져다 주셨다. 그 사랑 기억이 생생하다. 모교 교장선생님 직에서 퇴임하셨다.

부모님 다음으로 내가 사람 되기까지 가르침을 주신 스승님의 상징을 잃어가는 세태가 안타깝다. 80중반 90세를 바라보고 계신 스승님들 모두 불편하시다. 얼마나 더 찾아 뵐 수 있을는지 오히려 제자 걱정을 해주시니 송구스럽다. 늘 만날 때마다 애들로 생각하심은 제자라는 이름 때문이리라.

힘없고 병을 친구삼아 살아가는 시간 속에 있는 자신을 돌아보게 된다. 사랑하고 존경하옵는 스승님들 불편 없이 사시다가 이별할 수 있기를 빌 뿐이다. 올해도 작은 정성이나마 감사의 마음 담아 스승의 날을 축하드렸기에 찾아준 제자 앞에 떳떳할 수 있었다.

"선생님 네 분, 제가 올해 찾아뵙진 못했지만, 작은 것 받으시고 기뻐해주셔서 감사합니다. 저도 자신의 부족을 잊은 채 늘 가슴 속에 간직하고 있는 제자로부터 넘치는 사랑받았습니다. 다음번 건강 챙겨 꼭 찾아뵙겠습니다. 감사합니다. 사랑 합니다.

(2013. 5.)

3

우리 할머니

우리 할머니를 생각하면
오솔길에 유난히 많았던 할미꽃이 생각난다.
할머니와 걷던 길에서
많이 봤던 꽃이기에 눈앞에 펼쳐진다.
할머니는 "내가 좋아하는 꽃 알지?" 하시며
꽃잎을 따서
내 손바닥에 가만히 놓아 주시기도 했다.
비로도 같던 그 촉감은
할머니의 뺨에 대는 포근한 느낌이었다.

시부모님 생각

지난해 9월 24일 친정아버지께서 돌아가신 후 처음 맞는 어버이날이다. 교회에서 어버이 주간에 카네이션을 가슴에 달아주었다. 자리에 앉기 무섭게 눈물이 범벅이 되도록 부모님 생각이 났다.

2005년 엄마 돌아가신 후부터 어버이날이면 마음이 텅 빈 항아리처럼 부모님 목소리가 들리는듯했다. 그래도 지난번 아버지 계실 때는 좀 위로가 되었었는데 세상에 홀로 남은 듯한 허전함, 이젠 고아가 되었다. "엄마, 아버지" 라고 크게 불러보고 싶은 날이다. 평택 선산에라도 달려가고 싶은데 건강상태가 허락지 않았다. 분당 시부모님 모신 메모리얼 파크로 향했다. 10년 30년 계시던 산소를 이장하여 납골당으로 옮겨 모신 곳이다.

3년 전이다. 우리의 생이 한줌의 흙이 된다는 것을 눈으로 확인했던 기회였다. 지금 같은 깨달음만 일찍이 있었더라면 더 잘해드렸을 걸. 마음에 걸리는 일들이 한두 가지가 아니다. 찰나에 끝나는 삶인데 무슨 우여곡절이 그리 많았는지? 도착하여 비석을 물걸레로 닦았다. 계신 곳을 청결케 해드리고 싶은 생각에서다.

앞에 앉아 살아계신 것처럼 집안의 모든 일들을 다 아뢰었다. 시부모님께서 반기시며 항아리를 깨고 나오실 것만 같았다.

"세월 앞에 장사가 없다"했던가. 이런 말들이 다 진리가 되어 자꾸만 내 마음에 새겨진다. 주변 수많은 이들이 이런저런 이유로 이곳에 잠들어 있다. 모처럼 명상에 잠기는 순간이었다. 분주하게 살아왔던 시간을 성찰하고 사색하는데 알맞은 곳 같았다. 꽃이 사방에 흐드러지게 피었고 녹음이 짙었다. 그러나 무감각한 나를 발견했다. 오늘은 나에게 아무 위로가 되어주지 못했다. 오히려 적막감까지 나를 둘러싼 듯한 느낌이다.

하염없이 눈물이 쏟아진다. 하늘나라가 얼마나 좋으면 가고 나면 오는 사람이 없는 것일까? 이룬 일 하나 없이 양쪽 부모님 다 떠나시고 나약해지는 자신을 알기 때문이었다. 정신 차리고 서울로 향하는 창밖은 환한 세상이었다. 옛날 일들이 하나하나 떠오른다. 동네 청년이 사우디아라비아에 간적이 있었다. 그 발음이 안 되셔서 '싸리바다라' 하셨기에 모두가 웃었던 일, 서울에 오셔서 택시를 타는데 얼른 신발을 벗어들고 타시던 일, 어린아이 같으신 때 묻지 않은 나의 시어머니 이선정님이시다. 울타리 안에 복숭아나무가 있었다. 동네 애들이 따가도 튕기지 못하신 분, 주머니 가득 따서 가는 뒤통수에 대고 이렇게 외치셨다.

"우리 손자 주려고 아꼈더니 너희들이 다 따가니" 라고 야단을 쳤다.

애들이 도망가다 다칠세라 염려하셨던 어머니 마음 동네사람들이 다 안다. 마음씨 비단결 같으셨던 어머님이셨다.

딸을 칠형제나 두셨기에 동네 근처에서 칠공주집만 찾으면 누구나 알려주었다. 칠 공주 딸을 두신 시부모님께선 고생도 많이 하셨단다. 하지만 딸들로 인해 행복한 순간들도 나름대로 많으셨으리라 생각된다. 어머님이 방 가운데 앉으시고 딸 일곱 명이 둘러앉아 에워싸면 그럴듯한 울타리가 되었다. 아들은 단

하나인 내 남편뿐이다. 근무하던 학교서 결혼 청첩장 가지고 이사장님께 인사드리러 갔을 때다. 당연히 가족상황을 물어보셨다. 신랑감은 외아들에 시누님이 일곱인….

이때다. 말을 끊으시며 "최 선생 알았어. 최 선생 신랑감은 내가 공개하려했는데." 하셨다. 왜 웃어른께서 그러셨는지 살아오면서 아! 이래서 그러셨구나. 이해가 되었다. 나도 두려움이 컸다. 혹 내가 한마디 하면 일곱 마디가 돌아올 텐데. 다행히 지금까지 살면서 그런 일들은 없었다. "좋으신 시누님들! 묵묵히 지켜봐주셔서 고맙습니다." 라고 전하고 싶다. 며느리를 끔찍이 여기시는 시부모님은 물론 시고모님까지도 대단하셨다. 매해 며느리 생일엔 닭을 잡아오셨고, 만나면 헤어지길 아쉬워하셨다. 시고모님들께서도 명절 때 인사드리러 가면 아랫목을 내주시고 쉬었다 가라고 배려해주셨다.

시아버님께서 폐암으로 투병하실 때였다. 약도 며느리인 내가 드려야 했고, 아무도 믿지 않으셨고 꼭 며느리가 곁에 있기를 원하셨다. 이런 일도 있었다. 시골 갔는데 아버님께서 며칠째 설사가 심하셨다. 약국도 멀리 있고, 순간 묘책이 떠올랐다. 좁쌀을 살짝 볶아서 찧었다. 약봉지를 예쁘게 싸서 드렸다. 마침 제게 설사 멎는 약이 있었다고 말씀드리고. 복용 후 한 시간 지났을까, "네가 준 약이 직효구나." 하시며 환하게 웃으셨다. 남은 것은 동네사람들이 설사만 하면 돌려서 다들 효과를 보았다 했다. 며느리에 대한 믿음이 약효로 나타났던 일이었다.

시아버님께서는 2년, 시어머님께선 8년 동안 외부 출입 못 하시다 우리들 곁을 떠나셨다. 6·25를 겪으시고 1·4후퇴 때 피난길에 고생도 많으셨으리라. 많은 재산 두고 금방 돌아갈 줄 알고 집 지키신다는 할아버지를 못 모시고 오신 게 한이 된 가족들. 시골에서 두 분이 사실 때 우리가 애들 데리고 내려가면 손을 놓지 않으셔서 차문을 닫지 못하고 지체하곤 하였다.

어머님이 아버님께 당신 어서 가면 나는 서울 아들집에 가서 살텐데… 라고 늘 말씀하셨단다. 아버님 돌아가신 후 바로 아들집으로 오셔서 한식구가 되셨다. 찬바람을 함께 견뎌 오셨던 아버님께 너무 심하셨다는 생각이 든다. 아니다. 손자 손녀 보고 싶은 마음이 너무 컸기에 라고 이해가 된다. 하늘나라 계신 시부모님께 '눈길 걷다 보면 꽃길도 열릴 거예요' 라는 싯귀를 선물로 드리고 싶다. 고생도 많으셨지만 자식들로 인한 기쁨도 많으셨잖아요. 내가 쓴 비문을 다시 외워본다. 여기 편히 두 분 누우셨다. 편히 쉬소서. 사랑합니다.

(『여울문학회』 제15집 2013.)

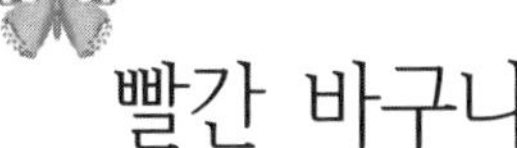

빨간 바구니

자기 전 현관 문 앞에 빨간 바구니를 내 놓는다.

다음날 아침 신문을 받기 위해서다. 바닥에 던지고 간 신문을 집어 들기가 마음이 내키지 않아서다. 10년은 해왔다. 빨간색 바구니는 그냥 있는 것을 사용했을 뿐이다. 이른 아침 바구니에 신문이 접혀서 쌓인다. 세 가지 일간지다. 배달원도 계단 위에서 획 집어 던지는 것을 접어서 담고 간다. 가지런히 놓고 가는 신문을 받아드는 기분은 남다르다.

동생도 누나 하는 게 맘에 들어 하고 있단다. 배달원들에겐 일분이 새로운데 반발 없음이 고맙기 그지없다.

바쁜 시간에 폐가 될지언정 이 방법을 고집하는 내가 반성을 해야 되는지. 독자들이 다 같이 참가하면 좋을 듯한 일이다.

새벽부터 귀한 선물을 받는 느낌. 나의 그날 시작은 신문을 펴는 순간부터다.

또 한 가지 이유는 지면을 가득 채우는 기사들이며 모든 글자 하나하나의 수고가 귀하기 때문이다. 피 말리며 마감시간을 지키고 현장에서 위험을 무릅 쓰고 만든 기사들. 고스란히 정열을 쏟아 부어 쓴 글들 아닌가? 기자였던 경험이 있기에 더욱 마음이 쓰인다. 글 쓰는 이들의 수고를 귀히 여기는 이유에서다. 원고지 몇 장 채우기도 힘들어 하는 나에겐 신문 어느 귀퉁이 단어 하나도 귀하다. 감동이가는 기사는 오려서 정리를 해둔다.

옛날 엄마가 신문 연재소설을 읽으신 후 노트에 오려 붙혀 소설 책 한 권씩을 만들어 주신 일이 새롭다.

어떤 소설가는 밤늦게 과음한 날에도 새벽 6시면 첫 햇살과 함께 어김없이 일어나 배고픈 기운이 떨어질 때까지 글을 썼다고 한다.

내가 하는 일을 누가 대신해준다면 글쓰기에 열중 할 것 같다. 떠오르는 단상도 바쁠 땐 메모도 못하고 지나쳐버린다. 체력도 예술적 감성만큼 중요하다. 병원을 남보다 많이 드나드는 건강으론 체력이 뒷받침이 안 된다면 글쓰기 게으름의 핑계일까.

생각도 많고 마음은 항상 급하고 쓰고 싶은 글은 많은데 생각이 가볍고 나 같이 막힘은 책읽기가 부족함을 실감한다.

"5천 권의 책을 읽고 쓰려고 하는 대상에 대하여 생각하고 또 생각하고 좋은 글을 쓰기 위해 만장의 종이를 허비해야 글다운 글을 쓸 수 있게 되는 법이다." 소설가 한승원 선생님의 비법을 익히 이해한다.

작곡가는 권투 선수처럼 끊임없이 훈련한다고 주장한 '조지 거슈윈'은 하루 12시간 이상 작곡에 매달렸단다.

원고 청탁받고 마음에 부담만 가지고 있다가 마감 시간에 급히 써서 휙 날리듯이 보내는 내 스타일을 반성한다. 고쳐야한다. 고치자.

많은 경험 중에 예를 들어 매일 걷는 길도 오늘은 다른 곳으로 돌아서도 가보는 습관에서 소재를 찾고 매진하자! 다짐해 본다.

착하고 정직하게 쓸 때 수필은 자기 영혼에 소복만을 걸치고 화장하지 않은 맨 얼굴로 거리에 나설 수 있다.

차분한 삶의 통찰. 세상의 어둠을 읽어 내는 눈. 모든 분야의 서적을 읽어야 좋은 글을 쓸 수 있다는데, 읽어도 책을 놓으면 다 잊어버리는 나이가 문제다.

비범한 수필가들도 많다. 감히 그 서열에 들지는 못하나 좋은 한 편의 수필을 남기기 위해서라도 힘이 다 할 때까지 글을 쓰련다.

그때마다 글 쓰는 천재성도 있으면 좋겠다는 생각도 해본다.

매 예배시마다 목사님 설교 말씀을 받아 적는다.

그냥 한번 듣고 스쳐 보내기 아까운 마음 때문이다. 글쓰기에도 하나님이 함께 하시기를 기도해 본다. 욕심 같아서는 명수필 한 편이라도 남기는 수필가이고 싶다.

내일은 빨간 바구니도 쉬는, 신문 없는 날이다.

(2014. 7.)

황금색 이불

딸의 혼인날이 얼마 남지 않았던 어느 날, 커다란 이불 보따리가 배달되었다. 시댁 예단과 혼수 이불도 다 준비된 후다. 사연은 이랬다. 시집가면서 부모님께 이불을 해 드리면 좋다는 얘기를 듣고 맞추었단다.

황금색 이불이었다.

아빠 코 골아 각방 쓴다 했더니 따로 두 채씩이나 신경을 썼다. 이런 상황을 충격 중에 신선함이라 할까? 평소에 쌓아온 효심의 발로라 생각한다. 뭐든 더해 달라 욕심 부리는 신붓감이 많다는데 남보다 구별된 딸이 돋보임은 부모라서 일까.

황금색은 우주의 중심색이며 신성함의 뜻이라 했다. 대학 졸업 후 외국에 머물 기회가 있었다. 부모님께서 파티 복으로 황금색 한복을 보내 주셨다. 바로 그 색과 같은 신기하리만큼 같은 색이었다. 검은 동양인의 머리색과 잘 어울리는 색이라고 외국인들에게 많은 칭송을 받았다.

늘 연약해 어리다고만 여겼는데 어느새 어른이 되어 성인의 예를 올리게 되었다. 대견스럽기까지 했다. 말썽 한 번 안 부리고 조용조용 곱게 자란 딸이 우리 곁을 떠나 새 가정을 꾸리는 날이 다가 오고 있었다.

어미로서의 두려움도 만만치 않았다. 태어난 순간부터 나와 연결된 탯줄도 끊지 않았던가. 그런 매정한 마음으로 새 문화, 새 사람들 속 체험현장으로 떠나보내는 기분이었다.

불란서에서는 '어머니 속에 바다가 있고' 중국에서는 '바닷속에 어머니가 있다'는 말이 있다.

매일 떠오르는 태양이지만 희망을 품은 새해 아침 해는 더욱 크고 빛나 보이는 것 같은 마음이다.

학사 석사 과정을 마친 후 교사 임용고시 합격 후 수년이 흘렀다. 신랑을 고르는 과정에서 자신보다 믿음이 좋은 사람만을 고집했다. 서른넷에 지금 사위를 만났다. 항상 예쁘게 봐주시고 좋은 것으로 채워주시는 하나님 같으신 시부모님.

사위는 어머님이 교직에 계셨기에 할머님이 함께 돌보아 키워주셔서 두 분 사랑을 듬뿍 받고 자란 외아들에 여동생이 있다. 우리와 같이 남매를 두신 가정이었다. 성품으로 보아 화목한 가정에서 자란 일등 신랑감이다. 독립된 살림이면서도 시댁의 많은 도움으로 성인의 과정을 이어간다.

사위의 직장, 진급 시험 준비가 몇 년째 계속되었다. 요즘 세태 풍경인 시집간 딸과 친정엄마가 한가하게 백화점 쇼핑이나 밥 한번 먹는 시간 내기도 어려웠다. 목욕 한 번 맘 놓고 갈 시간마저 낼 수 없는 딸이 안쓰러울 때가 있다.

딸은 엄마도 나를 이렇게 길러 주셨겠지 하는 생각이 들 때마다 엄마 생각이 많이 난다고 했다. 그래서 딸을 꼭 갖고 싶다고 얘기하곤 했는데 그 소원대로 네 살 터울의 딸아이를 얻었다. 너무 잘했다고 온 가족이 대 환영이다.

지난 아빠 생신에 선물을 사면서 앞으로 몇 번 더 축하를 해드릴 수있을까? 그런 생각이 나서 눈물이 나더라고 했다. 아들네와 조촐히 생신 축하 행사를 가졌다. 지난해도 이번에도 사위는 참석치 못했다. 시험이 바로 앞에 있어서였다. 어느 때보다 가족들이 호흡을 맞추어 주고 아까운 시간을 잘 활용해야지

하는 취지에서였다.

합격기원 기도는 여기저기서 이어졌다. 하나님께선 성실한 본인의 중심을 보셨다. 주위의 기도를 들어 응답해 주심에 감사드린다.

나는 사위의 합격기원 마음을 시험 한 달 전부터 노트에 '신승균 과장 합격 기원'이라고 삼천 번을 노트에 써서 간절한 기도를 또박또박 하나님께 아뢰었다. 간절한 기도는 땅에 떨어지지 않는다함을 무조건 믿었기에.

금년 1월 진급시험에서 수석 합격의 영광을 안았다. 독서실에서 공부하던 시간에 아이들과 놀아줄 수 있겠다 생각하니 기쁜 마음이 들었다.

부모를 떠나며 서운함과 건강을 축원하는 마음을 황금색 이불에 담아 전해준 딸의 정성은 매일 아침저녁 안부전화로 이어지고 있다.

딸은 이제 두 아이의 엄마이자, 한 남자의 아내로, 신 씨 가문의 며느리다. 중책을 맡은 한가정의 안주인이 되었다. 고등학교 교사 봉직도 겸해야 하는 상황의 딸 가정에 하나님의 보살피심이 영원하시길 빈다. (2013. 1.)

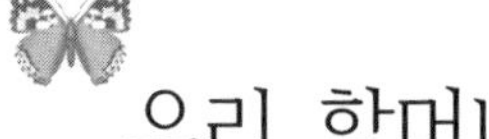

우리 할머니

학창시절 방학이 되면 할머니 계신 평택에서의 생활이 계속 되었다.

고추밭으로 향하는 길. 굽은 허리에 뒷짐 지신 할머니를 따라 오솔길로 향한다. 할머니는 수건을 머리에 감아 쓰셨다. 모자 대신이기도 하지만 땀도 닦으시는 용도로도 쓰셨다. 겨울엔 타올을 머리에 쓰신 게 밉다고 하면 머리에 바람이 술술 들어와 쓰신다고 하셔서 배를 쥐고 웃었다.

바람이 어떻게 머리에 들어갈까? 당연히 이해를 하지 못했다.

몇 해 전부터 내 머리에도 바람이 술술 들어옴을 느꼈다. 나도 겨울에 모자를 쓰게 되었다. 너무도 자연스럽게 그 나이가 되니 바람 들어 오는 게 무엇인지 알게 되니 씁쓸한 웃음이 절로 나왔다.

오솔길 양 옆은 하늘 향해 쭉쭉 뻗은 소나무 숲이다.

파란 하늘에 맑은 공기, 솔밭에 피톤치드가 많이 배출되어 인간에게 이익을 준다는 것도 나중에야 알았다.

재잘거리는 내 얘기에 걸음이 빨라지시는 할머니. 벌써 끝이 안 보이는 큰 밭에 이르렀다. 큰 밭이라 이름 하여 한 둘째 대전 밭이다. 가뭄에 물을 퍼 대던 연못이 바로 옆이다. 큰 연못엔 고추잠자리 떼가 부산하게 날아다니며 붉은색 포물선을 공중에 그렸다.

황토 흙길은 밟는 느낌도 푹신하다. 내 발바닥에 대지가 함께 하는 기분이었다. 고추 밭에 들어서니 빨간 고추가 손길을 기다리고 있었다. 가지가 휘도록 매달린 고추를 보니 따기도 아까웠다. 머리가 벗겨지도록 따가운 햇볕이 이토록 고운 색으로 물들였나보다.

고추는 금방 한 바구니가 되었다. 서울 아들네 주실 생각에 신이 나신 할머니는 콧노래까지 흥얼거리셨다. 할머니와 내가 서로 땀을 닦아주는 정이 땀과 같이 두더지가 파고 다닌 밭둑에 뚝뚝 떨어졌다.

오솔길이 좋았고, 할머니와 함께함이 그렇게 행복했다. 6·25 때 할머니와 안 떨어지려고 당진으로 피난도 안가고 시골집에 머물러 있을 정도로 좋아한 할머니다. 눈이 많이 내린 날은 부엌서 다섯 발짝만 가면 펌프가 있는데도 부엌 앞 추녀 밑에 눈을 떠서 녹여 밥도 지었다. 공해가 없던 시절이기에 가능한 일들인데 잊지 못할 추억이 되었다.

연일 고추 따기 참외밭 쫒아 다니기에 무리를 했던지 대학 1학년 때 입원한 적도 있었다. 바이러스성 열병이라 했다. 1년 휴학 할 정도의 호된 투병생활 이었다. 그때도 엄마는 극진한 간호로 나를 다시 일으켜 세우셨다. 어린 아이 걸음마 하듯 회복 할 때도, 시골서 기도하신 할머니의 정성을 잊을 수가 없다. 우리 할머니가 가끔 미치도록 보고 싶다.

지난 12일 할머니 묘소에 꽃을 놓아드리고 오는 일로 다소 위안을 삼았다. 증조부모님, 조부모님, 부모님, 숙부님 그리고 할머니가 세상에서 제일 아끼고 사랑하던 오빠에게도.

이제 내 나이 칠십이 넘었는데도 옛날만 생각나니, 할머니 사랑이 한없이 그리워서다.

구수한 손칼국수 맛, 가지냉국, 오이생채, 방금 버무린 부추

김치, 오이 넣은 열무김치, 애호박 숭숭 썰어 넣은 부침개, 한겨울 생떡국, 찹쌀 부꾸미도 귀한 먹거리였다. 누구든 엄지를 치켜세운 할머니 표였으니까!

"할머니 왜 이렇게 맛있어요?" 하면 "할머니 코 빠뜨려서야." 하시며 재치로 받아 주셔서 맛에 맛을 더해 먹던 생각이 난다.

엄마라는 존재는 실제로 죽어서는 안 되는 존재다.

나에겐 우리 할머니도 그런 엄마 같은 분이셨다. 떠올리기만 해도 정이 묻어나는 이름 우리 할머니! 한석정님!

지금부터 42년 전. 내가 둘째로 딸을 낳았다. 그렇게 아기를 보고 싶어 하셨다. 여름 방학하면 데리고 간다고 별렀는데 방학 며칠 앞둔 중복 날 할머니께서 돌아가셨다. 그렇게 궁금해 하시던 소원을 이루어 드리지 못했음이 맘에 항상 걸렸다.

우리 할머니를 생각하면 오솔길에 유난히 많았던 할미꽃이 생각난다. 할머니와 걷던 길에서 많이 봤던 꽃이기에 눈앞에 펼쳐진다.

할머니는 "내가 좋아하는 꽃 알지?" 하시며 꽃잎을 따서 내 손바닥에 가만히 놓아 주시기도 했다. 비로도 같던 그 촉감은 할머니의 뺨에 대는 포근한 느낌이었다.

지금은 오솔길이 남아 있는지 모르겠다.

이젠 그곳까지 개발 붐이다. 언젠가 그 오솔길에도 불도저가 꿈에 그리는 그 오솔길을 밀어붙일지 모르겠다. 서운함과 아쉬움을 접는 길 밖에 없으리라.

내 할머니에게서 숨겨진 엄마의 꿈을 찾듯 나의 할머니이기 전 여자의 일생을 엿 보았다. 우리 사랑하는 할머니에게서.

(2014. 6.)

산수유를 찾아서

봄이 되면 사람들은 곳곳에서 열리는 봄꽃 축제에 몰린다.

예전엔 상춘객으로 꽃을 찾아다니는 발길을 이해하지 못했다.

그러던 중 몇 년 전 장미 축제에 갔다. 대학 동창들과 함께 간 에버랜드에는 장미가 저마다 얼굴을 자랑하듯 우리를 반겼다. 백만 송이나 된다는데 놀랐고, 각양각색의 화려한 색채에 마음마저 진정키 어려웠다.

70년대 아들딸이 어렸을 때 창경궁 벚꽃놀이 이 후 처음 나선 봄꽃 축제다.

서울이 점점 단독주택을 아파트로 개발하는 추세에 몰려서 답답한 도시를 잠시나마 벗어나려는 사람들의 마음일지도 모른다.

며칠 전 경기도 이천 백사 산수유 축제에 갈 기회가 있었다. 만개한 황금색 산수유 꽃을 눈이 시리도록 감상하고 왔다.

정식 축제는 이틀 후였다. 주최 측에선 식장 마무리에 바빴다. 많은 사람들이 모이기엔 행사장 본부석도 좁았고 진입로는 더욱 좁았다. 혼잡을 피해 미리 왔어도 복사골이 좁은 게 좀 아쉬웠다.

이천시 백사면 도립 1리 에는 조선 중종 14년(1519년) 기묘사화 때 난을 피해 낙향한 남당 엄용순이 건립했다는 '육괴정'이란 정자가 있다.

'육괴정'이란 이름은 당시의 선비였던 모재 김안국, 강은, 오경, 임내신 성담령, 남당, 엄용순 등 여섯 사람이 연못 주변에 각자 한 그루씩 여섯 그루의 느티나무를 심었다는데서 유래 한다. 이때부터 산수유나무가 현재의 백사면 도립 1리, 경사 1,2리, 송말 1,2리 등 5개 마을에 대단위의 군락을 이루고 있다. 선비들이 심기 시작했다는 연유로 선비꽃으로 불리기도 한다.

이렇게 대대로 가꾸어 오기 4백년이 되었다고 한다. 그러니 멀리서도 찾아와 봄직한 귀한 봄이 오는 고장임에 잘 왔다는 생각이 들었다. 조용한 작은 마을이지만 오래 기억에 남으리라.

몇 년 전 장미꽃 축제에 다녀와서도 일 년 내내 그 기쁨의 여운이 남아 있음에 감동한 적이 있다.

'육괴정 앞 나무 그늘에 우리들의 소풍 식탁이 푸짐히 차려졌다. 교수님과 글쓰기 벗 일행은 산수유 막걸리까지 곁들인 행복한 점심시간을 가졌다. 준비해온 손길에 축복을 빌었다. 시장 끼 도는 시간이라 모두가 꿀맛이었다. 재빠른 글벗 한 사람이 벌써 술잔을 돌린다.

인디아 핑크빛의 산수유 막걸리는 이름과 색에 끌려 마시고 싶은 충동을 일으켰다. 술 맛도 모르는 옛날 양조장집 딸인 나도 혀를 축여본다. 오래 추억에 남을 자리다.

달리는 차창 안으론 햇살이 따뜻해 완연한 봄날인데 아직 쌀쌀하다. 어쩌면 혹독한 겨울 추위에서도 산수유 꽃은 피었을까? 모든 꽃들은 어떻게 때를 알아서 피는 걸까? 오묘한 자연의 섭리에 머리가 숙여진다.

지난해 묵은 열매가 달려 있는 나무도 눈에 띤다. 그 가지엔 꽃이 피지 못했다. 열매가 떨어져야 그 자리에 움이 틀 텐데, 이것이 우리에게 주는 자연의 가르침 인 것 같다.

"가진 것을 놓아야 새로운 것을 소유할 수 있다"는 평범한 진리 말이다.

산수유나무가 오래되어 높은데다 열매가 작아 따기가 쉽지 않을 듯했다.

일손도 부족했으리라. 꽃구경 하고 오는 길목에서 산수유 열매를 팔고 있었다. 농가를 돕는 일도 될듯해 몇 봉지 샀다.

열매는 초겨울에 얼렸다가 회초리로 털어 일일이 씨를 빼고 햇볕에 말려 한약제인 보혈 강장재로 쓴다고 했다.

600그램의 물에 60그램의 산수유 열매를 넣고 약한 불에서 끓여 마시면 그 효력이 대단하다는 설명이다. 간, 신장을 보하며 근골을 튼튼하게 하는 작용은 물론 속을 덥게 하고 정기를 돕는 효과가 크며 오장을 편안하게 하여, 오래 먹으면 몸이 거뜬해지고 눈이 밝아진다는 것이다. 우리는 즉석에서 시음을 했다. 신 맛이 봄 냄새 같았다

이천은 쌀과 도자기 온천 지역으로만 알고 있었는데 백사골에만도 5만 평 대지에 1만 7천 그루의 산수유가 있다니 관광지로 손색이 없겠다.

봄엔 황금빛으로 가을엔 빨간 열매가 가꾸는 이들에게 기쁨이 되기를 빈다.

봄은 도시보다 시골에 먼저 옴을 느낀다. 유난히도 추웠던 겨울 언 땅에서 쑥이며 냉이가 파랗게 고개를 내민다.

아니! 벌써 손에 잡혀 뽑아도 될 크기로 자란 것들이"난 용감했노라" 말하는 듯 귀엽게 손을 흔들어 보인다.

자연은 얼마나 위대한 에너지인가. 에너지 충전을 위해 다음 주 흐드러지게 핀 벚꽃을 보러 여의도로 갈 계획이다. 활짝 핀 꽃이 날려 떨어질 때도 꽃 잔치 기분은 들 테니 말이다.

지난 해 설악산서 양양으로 달리던 길 가로수인 벚꽃의 낙화를 보며 환상적인 기분을 느끼지 않았던가. 눈 내리듯 쌓인 꽃길을 걸어도 보고.

산수유를 찾아 봄꽃 축제로 연 올 한 해 동행한 모든 이들에게 푸짐하고 멋진 일들만 있기를 기대해 본다. (2008. 봄)

지진 해일과 일본

아연실색…. 적당한 단어조차 딱히 생각이 떠오르질 않는다. 엄청난 일본 열도의 지진 해일, 이런 천재지변을 듣기나 했었나? 15m가 넘는 거대한 높이의 위력은 대단했다. 건물을 통째로 아니 도시 전체를 집어 삼킨 기막힌 사건이다.

세계 경제대국도 자연재해 앞에선 어처구니없이 무릎을 꿇었다. 자연 현상으로 큰 피해를 겪을 때마다 우리는 한없이 나약한 인간의 모습을 발견한다. 매시간 마다의 집계에 정말 딱하기 그지없다.

사건 10일 만에 생존자, 80세 노인과 손자가 무너진 건물더

미서 발견되었다. 그들의 침착함이 만들어낸 기적이다. 생후 4개월 된 아기의 생존 발견도 잠깐이나마 희망의 빛을 비췄다.

초등학교 강당에 마련된 난민수용소. 인간에게 먹는 것은 생존을 위해 가장 중요하건만 먹을 게 없단다. 추위 속에 굶주림과 담요 한 장도 얼마나 귀중하게 여겨질까. 그런 와중에서도 한 여인이 분주히 비닐봉지를 벽에 걸고 분리수거에 열중하고 있었다. 아니 이 난리 속에 뭐 말라죽을 분리수거인가. 그들은 그것을 실천하고 있었다. 가족의 행방도 모르는데, 아니 부모 자식이 죽었는데, 웬 분리수거란 말인가? 우리가 보기엔 어색한 일이지만 그들에겐 몸에 밴 질서의식이었으리라.

우리 국민은 어떤가? 일상에서 그리 계몽을 해도 안 되고 심지어 종량제시행 10년이 넘었건만 아직도 쓰레기를 마구 버리는 시민이 있다고 들었다. 어이없는 일이다. 이를 풍요 속에 궁핍한 행위라 할까.

일본 여행 때마다 느낀다. 목욕탕에서의 그들의 깍듯한 예절도 교훈삼아야 할 것임을…. 바가지를 쓰고 닦아서 제자리에 두는 일, 수건 한 장으로 족하다며 쓰고 정리하는 일, 우리나라 사람들은 어떤가. 수건도 여러 장씩 쓰고, 폭풍이 지난 것 같은 자리를 뒤도 돌아보지 않고 나온다. 나는 탕에서 일행들의 뒷정리를 다하고 나오는 게 습관처럼 되었다. 우리의 수치심을 보이기 싫어서다. 차분한 일본여인들의 향기를 늘 우리국민들에게 보여주고 싶었다. 이들의 몸에 밴 질서의식 얼마나 아름다운가.

지금 이 시간, 새벽 두시다. 이웃에서 욕조에 물 받는 소리가 시끄러워 간신히 든 잠에서 깼다. 함부로 탕탕 놓는 샤워꼭지 소리. 남이야 어떻든 아무렇지도 않게 저지르는 한심한 사람들에게서 환멸을 느낀다면 심한 표현일지 모르겠다.

절체절명의 순간, 가족의 생명보다 직분에 충실하려 했던 소방대장이 죄인처럼 용서를 빌던 모습 또한 우리를 놀라게 했다. 지진해일뿐이었다면 비교적 빠른 기간에 부흥할 수 있었을 것을….

위기는 진행 중이다. 우선 후쿠시마 제1원전 사태의 행방이 모든 것을 결정할게 아닌가. 세계는 극한상황 속에서도 일본사회가 보여주는 질서와 침착한 모습, 그리고 서로 돕는 모습에 경탄하고 찬사를 보낸다. 악재는 악재로 위로받는다는 말이 떠오른다. 슬픔에도 힘이 있다는 사실을 시간이 지나면 알게 되리라 믿는다.

부모 자식을 잃는 큰 고통 속에서도 분노하거나 원망하기보다 불행을 운명으로 받아들이는 태도를 보여주고 있는 모습이 얼마나 다행인지. 지금의 고통을 극복하기 보다는 견디는 지혜가 일본인들에게 주어지리라 믿어본다.

우리에게 생명의 숙연함을 일깨워준 일본이여! 다시 일어나라! 다시 부흥하라! (2011. 4.)

가슴 조이던 날

중복 말복 사이 불볕더위가 한창인 날 오전이다. 9시 반에 잡혀 있던 시간을 초조히 기다리는데 연락이 없다.

계속 서성이고 복도를 내다보고 있는데 앞 환자의 수술이 늦어진다는 소식이 전해진 시간은 벌써 11시였다. 11시 반이 돼서야 딸은 간이침대로 옮겨져 수술실로 향했다. 딸의 시부모님, 시누이, 친정에선 엄마, 아버지, 외삼촌(딸의)이 수술실까지 따라갔다. 동생 수술이 걱정되어 외국출장까지 미룬 아들은 수술 후 도착했다.

"그래 딸아! 넌 애기 낳을 때도 그 고통을 소리 한 마디 안

지르고 참았었지. 장하다. 이번에도 승리할 거야!"

딸의 갑상선 암 수술하는 날의 풍경이다. 몸이 오그라들 정도로 긴장된 수술실 앞 눈물이 왜 그렇게도 쏟아지는지. 뜨거운 눈물이 그치질 않았다.

엄마 뱃속에 있을 때 8개월 된 어느 날, 엄마의 맹장이 터져 복막염으로 고생했는데 그때 장면이 떠올랐다. 수술을 진행한 의사는 태아를 희생시켜야 한다고 까지 했었다. 얼마나 아찔했던 순간이었는지….

어려움 중에도 딸과 내가 함께 살아났음을 늘 감사한다. 딸이 너무나 소중한 이유 중 하나다.

수술실 들어간 지 20분 지나서야 전광판에 '윤수진 수술중'이란 자막이 떴다. 로봇으로 한 수술은 1시간 50분간 계속되었고, 회복실서 병실로 온 시간은 2시가 넘어서다. 춥다고 떨었다. 창백한 얼굴, 평소에 너무 지쳤나 하는 생각이 가슴을 저몄다. 시아버지께선 발을 손으로 꼭 쥐시고 양말을 신겨주셨다. 늘 자상하신 시아버님께서 감동을 주셨다. 그때서야 좀 안심하고 편안한 숨이 쉬어졌다. 기도로 무장했던 시간은 길기만 했다.

수술 전날 밤 늦은 시간 서정호 담임 목사님께서 오셔서 기도해 주시니 마음은 한결 걱정에서 벗어날 것 같은 기분이었다. 수요예배가 끝나고 어려운 걸음을 하신 담임 목사님 내·외분, 교구목사님, 구역교사께 감사할 뿐이었다.

평소 딸아이가 작은 일에도 많이 피곤해 하기에 병원을 찾았다. 아빠, 오빠가 수술한 병력이 있어 혹시나 하고 검사해 본 것이 갑상선 암으로 진단되었다.

세 식구가 같은 병으로 수술을 받다니 이런 걸 기구한 운명이라 표현하나? '세상에 이런 일'에 낼 기사거리 아닌가.

오빠는 1990년 아버지는 2008년에 갑상선 암 수술을 받았다. 병중 가족력이 있는 줄은 들어서 아는 바였는데 증명이 되고 말았다. 당한 본인들은 고통을 감사로 받아들이며 이길 뿐인데. 생활이 시간에 쫓기니 피곤해서 그렇겠지 하고 대수롭잖게 여겼는데 결과는 가족력이었다,

아버지가 수술한지 7개월이니 아직 회복 중에 있는데, 이제 겨우 20개월 된 아들 동호는 어떻게 하나? 딸을 새 담임으로 맞은 학생들은 얼마나 지장이 많을까? 학부모가 면담시간에 잘 부탁한다고 맡긴 귀한 학생들인데, 걱정은 꼬리를 문다.

목소리를 많이 쓰지 않아야 된다는 의사의 말에 어쩔 수 없이 한 학기를 쉬기로 어려운 결정을 내렸다. 고교 국어 교사니

말을 많이 해야 되는 직업에 속하기에 수술 후 45일 되었는데 아직 팔을 맘대로 못쓴다. 무거운 것도 물론 못 들고 .

잠에서 깨어나면 안아 달라는 동호도 못 안아준다. 동호가 상황 판단을 한듯 “엄마 아파 안 돼” 라며 안아 달라는 대신 손 잡는 것을 대신하니 어린 것이 기특하고 영리한듯해서 기분이 좋다. 이런 걸 두고 사람은 살게 마련이라고 하나 보다.

겨드랑이를 6cm 정도 째고 로봇이 한 수술이라 그런 단점이 있었다. 가슴이 아프고 팔이 안 올라가는, 흉터는 목에 없는 게 장점인 대신 50cm 길이 되는 플라스틱 줄이 목까지 가기 위해 어깨 쪽 살을 부풀렸단다. 그런 후유증은 생각지도 않았던 부분이다. 남편 수술시 딸과 내가 많이 울었었다. 회복실서 병실로 왔을 때였다. 얼굴빛에 축 늘어진 약한 모습 때문에.

시댁에서의 전폭적인 지원으로 여름휴가를 맞추어 받고 극진히 보살피는 사위 덕분에 점점 회복이 빨라지고 있다. 이번 일을 겪으며 주님이 우리 가족을 얼마나 사랑하시는지 깨달았다. 고통 중에 돌봐주신 주님께 감사드리며, 앞날의 건강도 책임져 주실 것을 확신한다.

사랑하는 딸 수진아! 쾌유를 빈다. 사랑한다.

(2009. 9. 12.)

『그 청년 바보의사』를 읽고

- 안수현 지음 / 이기섭 엮음

죽은 가지처럼 보이던 나무에서 꽃 잔치가 벌어졌습니다. 봄이 하는 일중에 제일 자랑거리입니다. 생기 넘치는 이때 『그 청년 바보의사』의 내용은 마음이 한껏 무거웠습니다. 아침 9시에 펴서 자정까지 아픈 허리를 조절하며 단숨에 읽었습니다.

컬럼 리스트인 솜씨로 평소에 일기처럼 써두었던 주옥같은 글들이었습니다. 장로 권사님의 막내아들 수현은 어려서부터 할머니 손잡고 교회가기를 좋아했답니다. 아주 춥고 눈이 많이 쌓인 날도 교회에 빠지면 안 된다 는 신앙심이 그를 지배했습니다. 아니 어린 목자였습니다.

동네친구들을 전도해 교회까지 전철로 동행했고 어깨에 멘 가방엔 친구들에게 줄 만화, 성경, CD 등이 들어있었다고 합니다. 넉넉지 않은 여건에서도 아르바이트를 해서 선물하는 것을 즐겼다고 합니다. 어려서부터 다진 신앙심을 지닌 청년의사는 환자의 병을 치료할 수 없다고 그저 바라보기만 하지 않았습니다. 환자의 마음속까지 들여다보며 그들의 아픔을 헤아리는 '참의사'였습니다.

백혈병을 앓고 있는 은진이 생일 날, 모자와 케이크를 사서 주소를 들고 안양 집 지하 단칸방을 찾았습니다. 10살 은진이가 "엄마 나 두렵지 않아요." 라고 마지막 말을 엄마께 남겼다는 말을 듣고 안도의 숨을 쉬었다고 했습니다. 은진이의 장례식장까지 찾아가 가족을 위로한 사랑과 베품, 배려는 가슴을 울리는 여운이 남습니다. 아픈 자들에게 참된 안식과 위로를 주었던 사람.

그는 고려대학교 의학과 91학번, 박사 과정 중 영락교회 청년 의료 선교부 소속, 28사단 의무대 군의관, 프리랜서 칼럼리스트였습니다. 본 일은 없지만 178cm의 키 단정히 깍은 머리, 푸른색 바지, 흰 셔츠를 즐겨 입었다던 청년의사가 그려집니다. 거기에 잔잔한 미소가 넘쳤을 거란 생각도 듭니다.

의대 입학 수련의 전공의 따기까지 몸과 마음이 분주함에도 환자에게 더 다가가 기도하고 보호자를 위로하며 믿음을 보이던 청년의사, 해외 어려운 어린이들과도 손잡고 믿음을 심어주었다 합니다.

「매일 성경」에서 매사에 흔들리지 않고 담대함으로 시험에, 생활에 임할 수 있음을 배웠다고 합니다. 깜깜한 어둠속에 처할수록 하나님 말씀은 더욱 맑고 생명의 빛이 되신 다 믿었던 청년의사. 어떻게 이런 장한 하나님의 아들이 있을까? 타고난 심성위에 하나님 마음이 합쳐진 인간을 넘어선 의인이랄까? 지금 시대에 꼭 필요한 명의가 되었을 청년의사. 믿음의 멘토였으면 얼마나 좋았을까.

고려의대 김신곤 교수는 그가 떠나는 날 환송사에서 '하나님, 오 하나님 어찌하여 그리하셨습니까? 이천 년 전 나사렛에서 난 청년예수가 33세인 나이로 무고하게 죽어갈 때도 당신은 그걸 막지 않으셨지요. 그래서입니까. 예수의 흔적을 안고 살겠다던 수현 형제를 그 예수와 똑같은 33세에 이렇게 죽도록 허락하신 겁니까?' 라고 썼다.

군의관 시절 사격훈련지원을 나간 그는 앰뷸런스에서 나와 병사들과 함께 풀밭에서 밥을 먹으며 담소를 나눴습니다. 그 속엔 하나님의 말씀을 전하는 일도 있었으리라 믿어집니다. 유행성 출혈 열에 이때 감염된 것으로 보인 후 발병 한 달여 만에 이 청년의사의 죽음에 두신 하나님 뜻을 받아드릴 수도 이해할 수도 없습니다.

동료 선후배를 집에까지 데려다주고 먹는 것까지 아끼며 선물세례, 남이 잠자는 시간에 병실을 찾아 기도, 보호자와 상담, 길가에 펑크 난 차를 보고 온몸에 비를 맞으며 도와준 얘기들. 본인의 진이 다 빠지도록, 정말 자신도 모르는 바보였다고 생각됩니다. 책 제목 『그 청년 바보 의사』가 가르치듯이 말 입니다.

1972년~2006년의 짧은 삶, 마지막 가는 길에 4천 명이 넘는 우정들이 몰렸다고 합니다. 죽은 후 자신을 그리워하는 사람이 많으면 성공한 인생이라는 말. 우리 중 어느 누구도 다 다르지 못한 성취를 이룬 사람입니다.

그러나 너무 아까운 사람을 잃었습니다. 의사, 간호사, 병원 직원들, 교회 선후배들, 대학부 제자들, 군인들, 병원청소하시는 분, 식당아줌마, 침대 미는 도우미, 구두 닦는 분도 계셨답니다. 그 한 분 한 분에게는 수현 형제가 은밀하게 베푼 사랑의 이야기가 들어 있을 것입니다. 구두닦이 아저씨는 자신에게 항상 허리 굽혀 공손하게 인사하는 의사는 처음이었다고 했답니다.

수현 형제의 쾌차를 위해 인터넷을 달구며 금식기도와 중보기도해 왔던 사람들이 얼마나 황망했을까? 땅과 하늘이 맞닿을 듯 절망 중에 "내 아들 수현이 대신 나를 데려가시라"고 하나님께 외치시던 부모님의 몸부림에 부르르 떨립니다. 동작동 국립현충원 충혼당에 안치된 바보 의사 안수현 씨를 편히 쉬게 하소서. 갚을 수 없는 사랑의 빚을 남기고 우리 곁을 떠난 청년 의사를 천국에서 꼭 만나고 싶습니다.

봄이 오래 머물지 않아 더욱더 눈부신 것같이 너무 일찍 하나님의 일을 실천한 젊은 의사는 우리를 더욱 눈부시게 합니다. 건강을 핑계로 미적지근하게 교회를 드나드는 내게 두려움이 엄습하며 불면의 긴 밤을 보내고 있습니다.

새벽마다 성전에 올라가 무릎이 달토록 오직 하나님께 매달려야 하는 저입니다. 주여! 저를 불쌍히 여겨 주시옵소서.

(2014. 봄)

4

내 고향 평택

복잡한 서울에서 무엇으로
손자들에게 추억거리를 만들어 줄까.
어디서든 들꽃만 보아도
어릴 적 시골집 화단으로 달리는 마음.
들꽃처럼 잔잔하고
숨은 향기가 있는 그런 내 고향.
나를 나 되게 변화시킴은
고향의 대지와 부모님의 사랑이었다.

어버이날

내일은 어버이날이다. 모처럼 만에 낮 기온이 20도까지 올랐건만 가슴에 찬바람이 스치는 것 같은 허전함이 밀려온다. 이때만 되면 부모님 생각에 한바탕 몸살을 치른다. 부모님 선물 살 때가 행복했는데, 아직은 아버지 옷을 사드리지만 외출복 아닌 병상 복이라 아쉽다.

우리는 어린이날에 아들, 딸 다 모여 어린이날 행사와 어버이날 행사로 과분한 대접을 받았다. 아버지께 가기로 서둘렀다. 곰국을 보온병에 담고 이것저것 챙기는 마음은 벌써 아버지께 가 있다. 갈 때마다 분주하고 설렌다. 빨간 카네이션 꽃다발도 준비했다.

올해 92세이신 아버지, 내년 어버이날 기약은 어려울 것 같기에 더욱 마음이 허전하다. 나이가 들면서 하나님이 만드신 가장 위대한 작품은 부모님이란 생각이 든다. 우울하며 허전할 때 찾고 싶은 것은 나의 뿌리이신 부모님 곁이다. 위로받고 싶은 곳이기에 아버지 곁에 있으면 늘 마음이 편하다.

엄마 가신지 어언 6년, 그래도 아버지가 계셨기에 많은 위로가 되었다. 그간 외로운 날들을 보내신 아버지가 측은했다. 늘 우리 곁에 계시리라 믿었던 엄마 생각이 자꾸만 난다. 잉꼬부부로 소문난 부모님이셨기에 더욱 외로우셨을 것 같다. 칠남매의 궂은일을 모두 쫓아다니시면 안 되는 일이 없었던 해결사이셨다.

수년 전, 내가 보증선 일로 남편에게 난처하고 면목 없어 벌벌 떨던 소심한 딸을 위해 금융기관을 찾아가셔서 어떻게 설득을 시켰는지 일부만 변상, 극적으로 해결해 어려움을 면해 주신 일도 있었다. 아버지 후광이 늘 우리 자식들에게까지 비춰지기를 빈다.

나는 아버지의 카리스마 넘치시던 영향이 내 안에서 아직도 유효하다는 걸 느낄 때가 있다.

망우리 고개를 지나는 양쪽 길가, 세상은 온통 봄이라고 아우성치듯 활력이 넘친다. 공기가 상큼하다. 분홍, 빨강, 하얀색 꽃들, 연초록 잎들이 제일 예쁠 때가 이때다. 어느 시인은 5월은 계절의 여왕이라 불렀다. 석가탄신일을 며칠 앞두고 갖가지 색의 연등까지 더하며 감미로운 빛깔의 유혹에 빠지게 한다.

어버이날은 식구가 다 모여서 부모님 모시고 식사를 했는데 올해는 각자 다녀오기로 했다. 차안에서도 마음은 달린다. 징검다리 연휴라고 내남없이 꽃이 피면 떠나는 상춘객들로 길은 주차장 같다. 5일전 뵙고 갈 때보다 더 여위셨다. 눈이 휑하신 모습, 앙상한 팔다리는 피아노 건반같이 나란히 들어난 갈비뼈, 한 발짝도 못 걸으시니 가슴이 찢어질 듯 마음이 아프다. 정신은 또렷하시니 다행이다.

영국신사라는 별명, 카리스마 넘치시던 사업가로서의 당당함은 어디로 가셨나. 3년 전부터 입원, 몇 차례 중환자실에서 사경을 헤매시다 기적적으로 소생하신 일, 감사한 마음에 더 우리와 함께 계셨으면 하고 소원한다면 헛된 꿈일까.

겨우내 품은 씨앗을 틔워 꽃봉오리를 밀어 올리는 환희의 계절이건만, 사랑하는 단 한 분이신 오빠가 투병중이시라 온 집안이 초긴장이다. 오빠의 완쾌를 기도해 주실 부모님이 필요할 때가 바로 지금인데 안타깝다. 봄기운에 아버지 힘내시고 오빠도 환한 웃음으로 승리하시길 빌 뿐이다.

곰국에 겨우 몇 술 뜨셨다. 반찬도 과일도 손사래로 거절하신다. 엄마가 잘해드렸던 반찬을 해다 드려도 잘 드시지 못한다. 엄마의 솜씨를 따를 수 없음이 아쉽다. 점점 침대에서 일어나시려 하지 않으신다. 억지로 휠체어에 모시고 마당에 나갔다. 일광욕도 하실 겸, 기분전환하시라고 흐드러진 철쭉꽃을 보여드렸다. 훈풍인데도 춥다고 하셨다. 늘 춥다고 하시는 아버지, 나도 아버지와 같이 시도 때도 없이 추운 것을 느끼는 나이가 되었다.

아들네로 전전하시다가 바쁜 식구들이 당신께 신경 쓰는 게 미안하고, 간병인과의 생활도 너무 단조롭다 시며 요양원을 원하셨다. 아버지께선 모든 일을 현대 감각에 적응하시는 편이시다. 어떤 환경도 받아들이시는 성품, 난 이런 부모님이 우리들의 부모님이 되심에 늘 감사한다.

당신이 원하셨기에 요양원에 모셨다. 공기 맑은 서울 외곽 시설 좋은 곳이지만 그곳에 모신 자식들의 마음은 늘 죄스러울 뿐이었다. 그래도 다행인 것은 그곳에 계신 할머니 한 분이 우리 아버지를 당신 아버지처럼 지극 정성으로 챙기셔서 마음이

놓인다. 엄마가 하늘나라에서 보내신 천사라는 생각이 들 정도였다.

우리 칠남매가 번갈아 연일 찾아뵙지만 갈 때와 올 때의 마음은 꽤나 복잡하다. 자식이 많아도 친히 모실 자식이 없으니 말이다. 우리의 앞날을 미리 보고 있는 것 같다. 어버이 은혜에 감사할 뿐이다. (2011. 5.)

어머니를 천국으로 인도하신 하나님

2005년 5월 27일.

친정어머니가 우리 곁을 영영 떠나신 날이다. 어머니는 부처님을 열심히 믿으셨다.

그 해 석가탄신일도 아버지께선 절에 가셔서 우리 칠남매 집집마다 연등을 켜셨다. 아버지는 교회 가고 싶으신데 어머니가 강력히 반대 하셨기에 두 분이 절에 다니셨다. 연세가 높으신데다 넘어지셔 대퇴부골절 수술 후 건강이 악화되셨다.

병원에 계실 때 내가 집에 오려면 붙드셨다. 저녁 해야 된다며 뿌리치고 걸음을 재촉하던 불효막심했던 나. 지금도 너무 죄송할 따름이다. 가슴이 써늘해짐을 어쩌랴! 큰소리 한번 안 내시고 어른 공경하시고 자식들 위해 평생을 헌신하신 어머니. 팔십 넘게 사셨다고 남들은 호상이라 했지만 가족에겐 호상은 없는 것 같다.

우리 아들딸이 할머니 할아버지 영혼 구원을 해야 한다 고 안타까워했다. 어머니 병상에 1990년 처음 나갔던 교회의 목사님을 모셔서 기도드리며 믿기로 '아멘'하고 답을 받아내셨다. 목사님이 매일 오셔서 기도해주셨다. 부처님을 향한 그 강했던 집념을 어찌 포기하셨을까? 하나님은 우리의 기도를 들어주셨다.

장독대엔 매일 정한수가 새로 갈아 떠져 있었고 안방 아랫목엔 밥주발에 쌀이 두 그릇 가득 담겨져 놓여 있었다. 어머님께선 가족을 위해 늘 정한수 그릇을 향해 두 손을 모아 빌며 칠 남매의 입학시험이나 졸업 때도 늘 그렇게 그곳에 대고 비셨다. 교회 나가면서부터 그것을 치우고 싶었으나 관여치 못했다. 어머니 병환에 회복기미가 없어지자 난 어디서 용기가 났는지 정한수를 버리고 쌀을 쌀통에 붓고 다 없애버렸다. 어머니가 신주단지처럼 모시던 것들을 말이다. 그 용기는 하나님이 주신 것이었다고 믿는다.

어머니 임종이 가까워오자 부모님 집 가까운 교회를 찾아가

임종예배를 부탁드렸다. 다행히 목사님께서 성도 몇 분과 함께 오셔서 임종 예배를 주선해 주셨다. 예배드린 30분 후 임종을 맞으셨다. 얼마나 다행인지 하나님께서 우리 어머니를 사랑하시는 손길을 느꼈다. 난 어려서부터 약하여 먹지도 않고 병치레를 많이 해 불효녀라고 자책을 했다. 이 일로 모처럼 효녀 노릇을 한 것 같다. 스스로 기특하기까지 했다.

늘 몸이 아파서 봉사도 어떤 행사에도 참석을 못하니 믿음도 자라지 않는다. 그러기에 늘 영적으로 움츠러들 뿐이다. 그래도 하루하루를 말씀 붙들고 힘을 얻어 지내게 하시니 주님의 은혜 아닌가.

"너희가 먹든지 마시든지 무엇을 하든지 다 하나님의 영광을 위하여 하라." 하신 고린도전서 10장 31절 말씀을 실천하려 애쓴다. 어머니가 이 세상 떠나신 후 친정에 변화가 일어났다. 아버지께선 교회에 열심히 나가시고 제사상이 사라졌다. 정장 차림에 성경책을 들고 교회를 오가시는 모습은 내 머릿속에 명화처럼 자리하고 있다. 주위에서도 멋있는 할아버지라 불렀다. 가족이 모여 추도예배를 드리며 어머니를 회상하고 기린다. 이렇게 하는 속에서 은연중에 믿지 않는 식구들이 하나님을 알게 되길 소원한다. 아들 딸네는 하나님을 잘 믿는데 남편이 아직

하나님을 알지 못해 답답하기 그지없다. 나의 믿음이 더 자라는 날 남편도 주님의 품으로 돌아 올 것을 끊임없이 기도하고 있다. 남편의 영혼 구원을 위해 기도하는 사람들이 참 많다. 나 혼자가 아니고 기도의 용사들이 끊임없이 중보기도를 해주시기에 팔짱끼고 같이 교회 나갈 날을 그려본다. 쓰러질듯 하다 일어나고 신음소리가 크다가도 박차고 일어나는 힘은 어디서 올까. 나 혼자가 아니고 늘 동행해주시고 지켜주시는 주님. 바로 주님께서 나의 힘이 되시는 유일한 분이시다.

부끄러운 일이다. 믿음생활 한지 20년이 넘도록 기도도 제대로 못한다. 성경에 대해 아는 게 없다. 4월부터 읽기 시작해서 구약 신약 통독을 끝냈다. 다시 일독으로 내용을 깊이 있게 이해할 결심이다. 모든 성경은 하나님의 감동으로 된 것으로 교훈과 책망과 바르게 함과 의로 교육하기에 유익하다(딤후4:16) 했으니 말씀을 통해 얻은 지식이 하나님을 더 깊이 알아가고 믿음이 자라가는 데에 유익한 밑거름이 되리라 믿는다.

늘 하나님께 감사드리며 일상을 맡기고 살겠다고 결심한다.

(2007. 8.)

내 고향 평택

내가 고향을 떠난 건 서울로 중학교 입학하면서 부터다.

고향 떠난 지 60년이 되었어도 늘 천연색 고향 꿈을 꾸는 늙은 소녀가 나다.

뒷동산 잔디 넓은 곳에서 아카시아 잎으로 가위 바위 보로 따내기 하던 놀이, 몇 년 터울의 사촌 동생과 아카시아 나무에 오르다 동생이 떨어져 부러진 팔을 잡고 겁에 질려 떨었던 일들이 동네 뉴스였었는데 지금은 추억거리가 되었다. 소나무 송진을 따 입안 가득히 향을 음미 하던 일. 치마를 벌려 송홧가루를 받아 손으로 찍어 먹던 일들.

왜 그리도 웃음이 많았는지. 허리가 끊어지도록 까르르 웃어대던 일들. 철없이 조상님 묘소 위에 누워 굴러 내리던 무례했던 일들. 저지르고도 마을이 울리도록 깔깔댔다. 굴러가는 나뭇잎만 보아도 웃음이 나온다는 그 시절이었다. 천진한 웃음의 유익을 돈으로 환산 할 수나 있을까 싶다. 청솔가지 타는 냄새처럼 상큼한 고향의 맛은 어디에도 없다.

산기슭에 있었던 내가 다니던 내기초등학교는 서해안 고속도로 변에 바로 접했다. 들판이었던 우리 논은 서평택 요금 소 날개 밑에 깔리게 되었다.

끼니를 거르던 친구들에게 고구마며 누룽지를 늘 날라다 주었다. 이 친구들의 친정은 모두 부자가 되었다. 집집마다 자가용은 물론 김치 냉장고며 에어컨, 서울과 똑같이 아니 더 풍성한 생활로 변했음이 얼마나 다행인지, 소꿉친구들은 흩어져 사니 자주 못 만나고 먼저 저 세상 간 친구가 있음이 가슴 아프다.

여름 겨울 방학 때면 할머니가 계신 고향으로 향해야만 직성이 풀렸다. 자연 사랑하는 마음에 문학소녀에서 소설가의 꿈도 가졌었다. 비록 이루지 못했지만 수필가로서의 긍지를 살리려 노력중이다.

결혼하여 벌써 김장을 사십 번 이상 담가야 하는 겨울을 맞았다.

누군가는 여자가 김장 삼십 번 담그면 인생 말년이라 했다. 김장을 실지 해 보진 않았어도 세월의 달음박질엔 뒤 되돌아 볼 겨를도 없었다.

내 고향엔 감나무, 배나무, 밤나무, 복숭아나무, 앵두나무가 많았다. 우리 집도 끝이 보이지 않을 정도의 배나무 과수원이 있었다. 지금도 고향에서 나는 과일을 즐겨 먹는다.

우리는 과거에 먹던 음식을 지향한다. 다자란 후에도 어머니가 해주시던 집 밥을 그리워함도 그 이유다.

'물 많고 단 배가 평택 배'라고 외쳐 대던 버스 터미널 행상들의 정겨운 외침이 평택이 배 고장임을 알렸다. 서해 대교가 선 바닷가엔 새우, 꽃게가 풍성한 어장이었다. 굴 따러 갔다 사고 당한 친구들의 자리가 하나 둘씩 비워질 때는 그저 갔나 보다 했다. 살아가기 위해 초등학생인 우리 반 친구까지 생업에 참여 했어야 했는지를 몰랐던 철없는 어린 시절이었다. 지금은 그 친구들 얼굴이 보고 싶어진다.

가끔은 일상에서 벗어나고 싶은 충동이 일 때도 있다.

얼른 떠오르는 내 고향 평택! 그곳은 항상 가고 싶은 곳이다. 어느 곳이고 변화가 많지만 평택의 변화도 놀랄만하다. 많이 오가던 오솔길은 포장도로가 되어 크고 작은 자동차들이 빈번하게 오고 간다. 교통 좋고 서울 가까운 것도 발전의 이점인듯하다. 그야말로 뜨는 평택인 것이다. 이게 바로 자연 친화와 인간 친화 시대정신을 함께 느끼는 일 아닌가.

고향만 생각하면 울적했던 마음도 차분해진다. 옛 추억이 있고 친정 조상을 모신 선산이 있기 때문이리라.

허리 꼬부라진 할머니와 소나무 밭을 지나 고추 따러 갔던 일들. 고추가 바구니에 가득 담기 듯 할머니와 나와의 대화도 바구니에 넘치도록 담겼다.

어릴 때 오사 바사 재롱둥이들이 학교생활에 바빠지며 만나기도 뜸해졌다.

옛날 나 같이 할머니와의 추억은 없을 듯 하고 어려서의 추억은 간직하겠지. 영국에서 3년간 머물 때 찾아가서 만나고 헤어졌던 추억 말이다.

지금도 할머니가 쪄 주신 술 넣은 노란 찐빵, 진주알처럼 영롱하리만치 촘촘히 달린 구수했던 옥수수맛, 겨울이면 고구마엿, 콩엿 등이 별미였다. 이런 할머니 표 먹거리들이 다시는 먹을 수 없는 그리운 맛이다. 내 고향의 여름 밤 하늘은 푸른 별들로 가득했다.

어느 땐 문득 할머니 생각이 나서 눈물이 펑펑 쏟아질 때가 있다. 돌아가신지 40년이 지났는데도 할머니가 많이 보고 싶어서이다.

피난 갈 때도 당진으로 떠난 가족들을 따르지 않았다. 할머니 안 떨어지려고 할머니와 나는 평택 집에 머물렀다.

내 고향 평택까지 옛날에 대 여섯 시간 달리던 때는 자갈길. 지금은 여러 방향으로 난 길을 따라 융단 위를 달리듯 매끄럽게 달리면 한 시간 반쯤 걸린다.

내가 태어나 초등학교 때 까지 살던 집도 조용한 동네였다. 지금은 바이러스가 감염되듯 아파트가 들어서고 서울 사람들이 북적여 고향 맛이 사라졌다. 조용하던 고향은 내가 그리던 내 마음 속 고향인데.

그래도 텃밭 감나무엔 지금쯤 장죽 감이 노을빛에 더욱 빨개 보이겠지.

우리 울타리 안 무성했던 대나무 숲에 비 내리던 경치, 소슬한 바람에 대나무 잎 스치는 소리는 지금도 들리는듯하다.

겨우내 얼음이 어적대는 연시를 항아리에서 꺼내 먹었다. 뜨거운 아랫목에 녹여서 먹으며 할머니 옛날 얘기 듣던 시절. 할머니 옛날 얘기를 등잔불 밑에서 들었기에 더욱 실감나는 스토리였었다. 할머니와의 추억이 글감이 되는 나는 참으로 행복하다. 그런 행복은 이젠 맛보지 못 할 추억 속에 묻어 두어야 되겠다.

난 이 복잡한 서울에서 무엇으로 손자들에게 추억거리를 만들어 줄까? 어디서든 들꽃만 보아도 어릴 적 시골집 화단으로 달리는 마음. 들꽃처럼 잔잔하고 숨은 향기가 있는 그런 내 고향. 나를 나 되게 변화시킴은 고향의 대지와 부모님의 사랑 이었다. 나는 내 고향을 한 없이 사랑한다. 이런 고향이 있는 나는 행복하다. (2014. 겨울)

엄마 사진

청명한 가을 하늘 아래선 모든 게 그립다. 육필로 쓴 편지에 그리움을 담아 빨간 우체통에 넣고 싶은 계절이다.

며칠 전 반가운 편지 한 통을 받았다. "너무 소중해서 보관했던 사진이다. 엄마와 함께한 소중했던 시간들이 맘속에 그려진다. 아버지 보여 드리면 기억하실까?"

한편의 시 같은 귀한 편지였다.

2005년 하늘나라로 가신 엄마의 친정 숙모님, 우리에겐 막내 외할머님이 보내신 사연이었다. 아버지는 엄마 사진을 금방 알아보셨다. 손에 꼭 쥐고 계셨다.

동봉된 엄마 사진!

곱디고운 청순한 눈매, 미소가 가득 담긴 갸름한 얼굴 우리 엄마 19세 때 사진이었다. 아버지와 결혼할 때 주고받은 사진이라 하셨다. 이 사진을 보시고 반하셔서 청혼을 하셨을 아버지. 그러니 75년 전 엄마 모습이다. 엄마는 20세에 19세인 아버지와 결혼, 엄마 시집오신 후 우리 집이 더 부자가 되었다고 했다. 그래서 엄마를 복덩이라 불렀다고 한다.

4남 3녀 칠남매에 손자 손녀 열여덟 명으로 번성시키셨다. 평택 시골집 대청마루 액자에 걸렸던 사진 중에도 같은 사진이 걸렸었다. 훌쩍 지난 세월 속에 묻힌 일들이 참 많았다.

순간 머리를 스치는 필름 속에 담겨진 엄마를 회상한다. 엄마보다 5년 아래이신 외할머님이 엄마와 친하게 지내시더니 사진을 여태까지 지니시다가 "내가 언제 갈지 모르니 네게 보낸다" 하셨던 사진이다. 긴 세월 갖은 풍파 속에서도 조카딸의 사진을 그대로 간직하신 게 감사하고 가슴 뭉클했다.

삶 속에서 희미해져가는 엄마를 이렇게 끝까지 내 가슴에 전해 주시다니! 누구에게나 진심과 사랑으로 대하시는 우리 외할머니시다. 엄마께선 외할머님께 삼일이 멀다하고 전화를 주시고, 일주일에 한 번씩은 편지를 보내셨다. 엄마가 첫아들인 오빠를 임신하고 친정에 가 계셨다. 새색시로 시집와서 한 집에서 정이 들었다고 하셨다. 조카딸인 엄마가 20세 새댁, 작은엄마가 15살 새댁 시절이었을 때 서로 의지하며 지냈다. 집 앞 목화밭에서 목화 따며 장난치고 웃다가 목화담은 바구니를 쏟아 하얀 목화솜에 묻은 지푸라기를 털어내느라 혼이 났다고 한다. 그래도 그때가 행복했다고 하셨다. 오빠가 외가에서 튼실하고 잘생긴 외손자로서 재롱 충실했던 얘기도 들려 주셨다.

엄마 임종 3일전 외할머님이 엄마 보러 평택서 올라오셨다. 통곡 속엔 옛날의 일들이 필름처럼 지나고 있었음을 짐작했다. 그때 서로 대화도 못하고 헤어짐이 마지막이었다. 새벽기도까지도 몇 십 년을 해오셨는데 요즘 거동이 불편하시다니 이제 엄마와의 정답던 얘기를 어디서 들을까.

편지를 즐겨 쓰시던 엄마, 일기도 꼭 쓰셨다. 책 읽기도 글쓰기도 좋아하셨다. 요즘도 가끔 엄마 일기장을 들추어 보면 짧은 일기 속 행간에 숨은 뜻을 많이 찾아내곤 한다.

"춘천 아들이 제사 모셔가고 첫 제삿날이다. 오늘이 시모님 기일이다. 너무 죄스런 마음이다. 춘천 쪽을 향해 절을 올렸다."

80세 넘으시도록 조상님 제사를 당신이 모신다고 하시던 고집을 꺾으시고 늘 섭섭해 하시던 마음을 표현하신 대목이었다.

중앙일보를 창간호부터 계속 모아 1개월분씩 철해 두셨던 엄마. 할머니 장례식 날짜에 발행한 신문이 없어져서 보급소에서도 못 구하시니 신문사까지 가서 구해오신 일이 있으시다. 사장실서 그 말을 전해 듣고 초청되셔서 시계를 선물로 받으셨다. 연재소설을 다 읽고 나면 그것을 옮겨 써 모은 것이 연재가 끝나면 한 권의 소설책이 되곤 했다. 방으로 가득 모으셨던 신문은 신문사에 기증하셨다.

어렸을 적 시골집 안방에 동네 어른들이 모여 엄마 책 읽는 소리에 밤새는 줄 모르던 추억도 있다.『숙영낭자전』,『심청전』 등 구성진 엄마의 책 읽는 그 소리를 녹음해 두지 못한 게 큰 후회로 남았다. 엄마가 낮에는 책 읽을 때 드실 야식을 장만하시던 정성, 어른 공경하시던 마음이 바로 이런 일들이었다.

새 가요가 나오면 가사를 적어 외우시고, 창을 즐겨 부르셨다. 창 부르시던 엄마의 그 멋진 구성짐도 그립다. 어디서나 메모하시던 습관은 내가 엄마에게 배워 실천하고 있다. 영화도 좋아하셨다. 우리 동네에 동도극장은 프로가 바뀔 때마다 즐겨 다니시던 곳이다. 지금은 없어졌지만 그곳을 지나면 한번 돌아보게 된다.

가끔 동생들이 따라 가기도 했지만 거의 혼자 영화를 보러 가셨다. 영화 스토리를 학교 갔다 온 우리들에게 빼놓지 않고 재미있게 들려 주셨다. 지금 시대였다면 작가가 되셨을 우리 엄마! 그 시절에 영화를 그리 즐기셨던 엄마, 다른 엄마들과 비교되는 자랑스러운 엄마라 생각했다.

연말이면 손수 만드신 연하장을 수 십장 씩 지인들에게 보내셨다. 매해 입춘 때도 '立春大吉 建陽多敬' 등의 방을 써서 바야흐로 봄이 되니 크게 길하고 경사스런 일이 많이 있기를 바란다는 뜻을 전해주셨다. 자손들에게 생일, 결혼기념일, 입학식, 졸업식에도 카드에 돈까지 넣어 주셨던 정성, 자손들의 가슴에 사랑이란 나무로 심겨져 있으리라.

요즘 다리가 많이 아파서 여름을 병원에서 거의 보냈다. 엄마가 다리 아프실 때 이렇게 다리가 소중함을 몰랐다. 아파봐야 아픔을 안다는 말을 이제에 뼈저리게 실감한다. 엄마께 죄송스런 마음이다. 어느 날 방에서 넘어져 대퇴부 수술을 받고 난 후 2개월 만에 돌아가신 엄마가 사무치게 그립다.

흰머리가 조금만 보여도 외출하기를 꺼려할 정도의 단정함과 깔끔함을 포기하신 채 무엇이 그리 급해 못 오실 길을 떠나셨을까? 엄마가 떠나신 순간 뱃속 오장육부를 다 빼 낸듯한 공허함을 주체하기 힘들었다.

아버지께선 늘 “너희 엄마는 이 세상 떠나기엔 정말 아까운 사람이다.” 라는 말씀 속에 내포한 뜻이 무엇이었는지 나이 들면서 알게 되었다. 아버지와 공감한다. 요즘 자주 느끼는 허전함. 칠남매를 키우면서도 큰소리 한번 안내시던 사진 속의 잔잔한 미소의 주인공이신 엄마. 오늘 유난히도 마주하고 싶어진다.

(2012. 9.)

가을 운동회

무더위는 물러갔다. 그래도 한 낮의 뜨거운 태양은 간간이 부는 가을바람을 무색케 했다. 10월 3일 개천절이면서 손녀 혜원이의 가을 운동회 날이었다. 벌써 여러 날 전부터 운동회에 오라는 초대를 받았다.

남편과 나는 본인 사망 외엔 약속을 펑크 내면 안 된다는 골프 약속도 취소하고 무언가 들뜬 마음으로 손녀 학교로 향했다. 혹시 애들이 추울까 해서 얇은 무릎담요도 준비하고 더운물과 과일을 싸서 싣고 갔다. 부지런히 도착하니 입장식을 마치고 1학년이 게임순서를 준비하고 있었다. 비탈진 언덕을 올라, 나무가 무성한 운동장. 가을 하늘에 색색이 날리는 만국기가 운동회 분위기를 한껏 돋운다. 중앙 아취엔 '명지 한마당'이라 쓰여 있고, 아취 아래 청백으로 나뉘어 앉은 전교생이 응원에 열을 올리고 있었다. 스탠드엔 청백의 옷 색깔로 구별된 학부모석이 눈에 들어왔다. 학부모들께도 이왕이면 복장에 신경을 써 달라는 전달이 있었던 같았다. 자녀 사랑하는 마음들이 모인 학부모들의 협조라 여겨졌다.

전화로 혜원네 식구들을 찾아 청군 학부모 석에 식구가 나란히 앉았다. 혜원이가 할머니 할아버지를 보고 아취 우측 자리에서 손을 흔든다. "청군이 승리하라고 박수를 많이 보내줄게." 하며 우리도 손을 들어 응수했다. 곧이어, 2학년 혜원이 학년의 70미터 달리기가 시작되었다. 자리에서 일어나 힘찬 박수로 응원했다. 손바닥에 불이 날 정도로. 혜원이가 네 명이 달려서 3등으로 골인했다. 네 명 중에 반대표 릴레이 선수가 세 명이나 있었다니, 아쉽다. 아니면 2등은 하지 않았을까?

순간, 아들(혜원이 아빠)의 초등학교 운동회 장면이 떠올랐다. 8명이 달리는 데 정말 죽기 살기로 달렸는데도 꼴찌로 골인 했었다. 그때 왜 그렇게 안쓰럽던지 지금도 생각하면 마음이 짠하다. 아들이 많이 뚱뚱했었다. 아들과 엄마가 같이하는 마스

게임 순서가 있었다. 마지막 퇴장할 때 엄마가 아들을 업고 나오는 순서에서 우리만 손을 잡고 나와서 운동장에 모인 관중의 웃음 섞인 박수를 받았다. 아들이 추계초등학교 1학년 때 일이다. 지금도 이 얘기만 하면 온 식구가 배를 쥐고 웃는다.

그 다음은 혜원이가 아빠와 함께 하는 게임이다. 대형 훌라후프를 뒤에선 아이가 앞에선 아빠가 잡고 운동장에 널려져 있는 공을 차서 골대로 많이 넘기는 팀이 이기는 시합이다. 학부모들을 많이 참석시킬 수 있는 좋은 발상의 종목이라고 생각했다. 또, 4명이 한 조가 되어 큰 공을 굴려서 반환점을 돌아오는 경기도 재미있었다.

혜원이가 좀 지친 듯, 우리를 향해 손을 자주 흔들었다. 나의 눈은 계속해서 혜원이가 있는 곳에 머물고 있었다. 얼굴이 빨개진 채 잘도 참는 모습이 2학년답고 기특했다. 학생들의 릴레이도 재미있었지만, 아빠들이 바통 대신 커다란 스펀지 봉을 안고 뛰는 모습은 멋진 볼거리였다. 자녀들의 운동회가 아니면 어디서 이렇게 마음껏 달려 볼 수 있을까. 아빠 선수들이 넘어지기라도 할 때는 아찔하기도 했지만 배를 쥐고 웃었다. 넘어진 아빠들은 아팠지만 관중석에선 엔돌핀이 팡팡 나오는 소리가 들렸으니 얼마나 유쾌한 일인가. 운동회에서의 절정은 줄다리기다. 청 백군 학생 학부모와의 줄다리기 순서다. 영 차 영 차 응원의 함성은 교정을 뒤흔든다.

손녀의 운동회는 오랜만에 옛 추억의 보석 상자를 열어보는 느낌이다. 우리 초등학교 때 운동회는 추석 다음 날이었던 것 같다. 햇밤이 나올 때다. 삶은 밤은 대단한 간식거리였다. 운동회를 마친 운동장엔 밤 껍질이 흙에 바둑알을 박아놓은 듯 반짝거렸다. 그때는 밤 껍질이 쓰레기란 생각을 못했는지 요즘 같으면 생각지도 못할 일이다. 부끄러운 맘 한편 모자이크 같은 운동장이 오버랩됨은 추억 때문일거다.

점심시간, 온 가족이 둘러앉아 먹은 김밥도 별미였다. 며느리가 솜씨를 뽐낸 날이다. 식사를 하며 둘째 손녀 지원이와 함께 함성도 질렀다. 동심으로 돌아간 행복한 순간이었다.

오늘 운동회를 맞아 학부모들에게 개방하는 아이들 교실도 구경했다. 나의 아이들 초등학교 때와는 훨씬 달라진 교실 분위기였다. 막히지 않은 공간이면서도 산만하지 않게 꾸며진 현대감각의 교실이 맘에 들었다. 혜원이 일기가 전시물로 교실에 걸려 있는 것도 나를 기쁘게 하였다. 이렇게 좋은 곳에서 공부할 수 있도록 허락해 주신 하나님께 감사가 절로 나왔다. 마음이 흡족했다.

내년 지원이도 명지초등학교에 입학할 수 있어 다시 이 운동장에서의 운동회를 기대한다. 가을볕을 가득 받으며, 뜨겁게 운동장을 달군 응원만큼이나 신나는 운동회였다. 청군, 우리 혜원이 팀의 승리였다. 기분 좋은 하루였다. (2008. 10.)

모교 졸업식

교향악단의 주악이 조용히 흐르며 졸업식장은 정리가 되었다. 졸업생들을 맞이하여 동창회에 입회시키는 자리이기도하다. 352명의 졸업생 전원을 동창회장 이름으로 환영하는 자리기에 가슴 벅차다. 단상에는 만개한 개나리가 키 작은 항아리에 담겨진 게 이색적이다.

다른 졸업식엔 화려한 꽃들이 진열됨이 보통이지만, 모교 졸업식엔 순박한 개나리가 오히려 차별화된 분위기다. 용원 아저씨들이 졸업식 한 달 전 부터 동산에서 꺾어다가 보일러실 온도로 피웠다니 더욱 귀하게 여겨진다. 아직도 추운 2월. 만개한 개나리를 보면서 마음에 따뜻한 봄을 미리 맞이한다. 추계 초등학교 중앙여중 중앙여고 추계예술대학 졸업까지 개나리의 단상 장식으로 졸업식은 더욱 빛나는 느낌이다.

설립자 황신덕 선생님의 정신을 이렇게 이어가니 숙연함 마저 느껴 가슴 뿌듯했다.

교장선생님께서 352명 한 명 한 명에게 졸업장을 수여 하셨다. 옆으로 한 발짝씩 옮겨 담임선생님과 포옹하는 순서가 있었는데 헤어짐이 아쉬워 우는 졸업생도 있었다. '요즘 누가 졸업식에 울어' 했는데 신선한 충격이다. 초롱초롱한 눈빛에서 졸업하는 후배들의 장래를 엿보았다. 어쩌다 대하는 모습이 마음 찡하다.

모교 동산은 떠나지만 영원한 후배들이여, 가슴을 펴고 비상하라! 그리고 전진하라! 1962년 내가 고등학교 졸업 때는 60명씩 네 학급. 교사로 있었던 70년대는 60명씩 열 학급이었는데 많이 변했다.

모교에서 중학교 3년 고등학교 3년, 그리고 모교 봉직 10여 년, 현직에 있을 때 결혼, 아들딸의 출산. 퇴임식 단상에서 눈물로 인사하던 생각이 난다.

환영사 할 때 졸업생들은 선배인 나에게 예의를 갖추고 경청

해주었다. '동창회장상' 수여자에게 상장과 부상을 전하며 굳게 악수를 했다. 앞날의 축복을 빌며. '빛나는 졸업장을 타신 언니께 꽃다발을 한 아름 선사합니다.' 이런 정겹던 노래는 사라지고 '어버이은혜', '스승의 은혜' 노래를 부르는 것도 달라진 풍경이다.

오늘 졸업이 있기까지 뒷바라지 해주신 어버이께 감사하는 마음과 가르쳐 주신 스승께 노래로 인사드림이 무언의 가르침이 배었다고 생각되어 흐뭇했다. 조촐한 졸업식 단상에 앉아 세월의 변화를 실감하는 자리였다.

무릎 위 껑충 올라온 스커트 길이며 파마머리, 상상도 못했던 일들이 벌어지는 세태니 어쩌겠는가? 개개인의 개성이라 믿으며, 352명 오늘의 졸업생 모두에게 앞날의 무궁한 발전과 축복을 기원한다.

신입 동창 회원에게 주는 환영사를 아래에 싣는다.

고등학교 3년 과정을 무사히 마친 오늘, 여러분의 영광스런 졸업을 진심으로 축하드립니다. 중앙여중과 여고를 마친 여러분의 선배로서 후배여러분의 입회를 환영합니다. 여러분의 희망찬 미래에 순탄한 길만 있기를 빕니다.

여러분은 축복과 선택을 함께 받은 존귀한 사람들입니다.

여러분들이 3년 동안 몸에 익힌 교훈,

1.참된 사람이 되자.

2. 실력 있는 여성이 되자.

3.질서 있는 국민이 되자.

훌륭하신 선생님들의 가르침 위에 멋진 꿈을 마음껏 그려 나가시기 바랍니다. 중앙여고는 뗄레야 뗄 수없는 여러분의 평생 모교입니다.

여러분이 어느 곳에 가든지 선배님들이 계십니다. 언제라도 찾아주시면 반갑게 맞이하고 든든한 후원자가 되어 드리겠습니다. 부디 여러분의 앞날에 주님의 크신 은총이 함께 하시기를 축원하며 다시 한 번 '죽엽회' 회원이 되신 졸업생 여러분 모두를 환영합니다.

2008. 2.

- 중앙여고 동창회 '죽엽회' 입회 환영사

열두 알의 콩

열두 알의 콩을 수확한 날, 기쁨으로 가슴이 벅차기까지 했다. 2007년 부활주일 우리 교회에서 한 가정에 한 개씩의 계란을 선물로 나누어 주었다. 흙을 구워 계란 모양으로 만든 작은 화분이었다.

어떻게 흙으로 이렇게 작은 화분을 만들었을까? 윗부분에 자르는 선이 표시되어 있었다. 조심스럽게 깨뜨려 보았다.

거름이 섞인 듯한 고운 들깨가루 같은 흙이 가득 차 있었다. 그 속엔 커다란 분홍색의 콩 한 알이 숨겨져 있는 게 아닌가! 아니, 이 작은 계란 속에서 콩이 자랄 수 있을까? 못 자라지….

반신반의하며 조심스럽게 물을 조금씩 주었다. 그렇게 하기를 보름이 지났다. 이게, 웬일인가! 콩 싹이 나왔다. 보통 콩은 일주일이면 싹이 트던데, 안 나올 줄 알았던 콩 싹이 난 것이다. 껍질이 꽤나 두터운 울타리 콩이다. 물에 불려 심었으면 싹이 더 빨리 났을 수도 있었을 걸 하는 생각이 들었다.

싹이 나며 콩이 뚜껑 열리듯 열리더니 '성령 충만'이라고 쓴 글씨가 보였다. 순간 마음의 문이 열리며 희열마저 느꼈다. 콩 속에 글씨를 넣은 섬세함에 놀랐다. 며칠 지나며 파란 잎이 작게 나더니 삼일 간격으로 잎이 크게 자랐다. 결국 이 계란이 화분인 셈인데 갓난아기를 다루듯 조심스럽게 큰 화분으로 옮겼다.

신기한 상황을 매일 적었다. 주말에 손녀들이 오면 베란다가 현장 학습장이 되었다. 신기해하는 손녀들의 표정은 진지하기까지 했다. 다른 화분에선 손녀 둘이 주일학교에서 부활주일에 종이컵에 심어온 고추모종을 한 대씩 나누어 기르는 고추가 잘 자라고 있었다.

"할머니, 우리가 기르는 고추는 꽃도 안 피는데 할머니는 어쩜 이렇게 잘 키워요?"

손녀는 아주 실하게 자라는 가지를 뒤적이며 고추 열매를 센다. 농장 못지않은 부활절 결실이 우리 가족을 한창 흥분시켰다.

두 달여 지나자 작은 콩 싹은 이젠 넝쿨이 되어 막 뻗었다. 옆 아보가도 나무의 넝쿨에 얹어 주었다. '아주 편하다'는 듯, 칭칭 감는 속도가 빨랐다. 넝쿨은 가냘팠다. 의지가 없으면 안 될 것 같았다. 아보가도 나무가 콩의 지지대가 된 셈이다.

8년 전 호주에 갔을 때, 아보가도 씨가 하도 신기해서 한 개 가지고 왔다. 둥근 쇳덩이 같았다. 이게 싹이 날까 하고 시험 삼아 심는다고 커다란 화분 가운데를 파고 묻어 두었다. 몇 달이 되어도 감감 무소식이기에 물주기도 포기한 채 잊고 지냈다.

일 년이 지난 어느 날 다른 꽃을 심으려다 아보가도 싹이 나온 것을 알았다. '어마 아보가도가!' 내 어머니께서 화초에 쌀뜨물을 주시 던 일이 생각났다. 나도 쌀뜨물을 열심히 주었다. 그동안 열심히 키운 아보가도가 1미터 넘게 자랐다. 이 나무가 콩을 지켜주는 식물가족이 되다니….

콩과 고추를 매일 들여 다 보며 잘 자란다고 칭찬도 하고 흙을 보충해주며 정성을 다했다. 7월 어느 날 내가 제일 좋아하는 색인 보라색의 꽃 한 송이가 피었다. 꽃이 지기 전에 많은 사람들에게 보여 주고 싶었다. 할머니가 꽃을 피웠다고 손녀들은 목에 매달리며 환호했다. 넝쿨은 무성한데 겨우 한 꼬투리의 꽃이 못내 아쉽다. 한 달쯤 지났을까? 아보가도 윗가지에 자리한 넝쿨에서 또 한 꼬투리의 꽃이 피었다. 꽃은 심히 가냘프고 힘이 없어 보였다.

얼마나 예뻤는지 구역예배에 오신 구역 식구들이 "난 싹도 안 났는데…", "난 옮겨주지 않았더니 죽었는데…." 하며 신기해 하셨다.

가을이 되었다. 잎이 누렇게 변해갔다. 문득 줄기에 달린 콩 꼬투리 두 개를 발견했다. 꽃이 금방 지는 것이 아쉬웠는데 종족번식을 위해 여름 내내 창을 향해 햇빛을 받아들이고 물을 먹고 한없이 컸구나! 남향인 베란다의 위치 덕도 본 셈일 것이다.

긴 콩 꼬투리를 매일 만지작거렸다. 납작한 꼬투리는 쭉정이 같았다. 이젠 지저분해진 넝쿨을 걷어야 되겠다고 마음먹었다.

그런데 이게 웬일인가? 조금은 통통해진 꼬투리를 조심해서 깠다. 한 꼬투리서 여섯 개씩 빨갛고 큼직한 콩알이 들어 있는 게 아닌가! 우리같이 콩 수확을 낸 가정이 있을까? 궁금했다. 콩 열 두알, 빨갛게 익힌 고추 열일곱 개. 무언가 해낸 듯한 뿌듯함이 어린이 마음 같았다. 콩을 놓고 고민이 생겼다. 우리 목사님께서 병환 중이신데 당연히 드려야지 생각하다 아니 콩 한주먹도 안 되는걸 드리기엔 좀 그렇다 싶기도 하고….

남편 밥에 놓을까, 아냐 아버지도 드리고 싶고 우리 애들도…. 고민하다 이렇게 하기로 했다. 이 콩을 내년 부활절에 큰 화분에 심기로. 그러면 많은 수확을 할 수 있겠지. 이때 모두에게 나누자.

그러나 지난 해 심는다던 콩은 아직 묵은 채 심기 울 때만 기다리고 있다. 빨간 고추는 따기 아깝다고 두었더니 말라 버렸다. 나의 어리석음이 죄다. 색이 고와서 흙에 묻기가 아까웠다. 어렵사리 싹틔워 열매 맺은 연약한 콩처럼 나의 약한 믿음도 자라기를 기도한다. 콩을 때에 맞게 심어서 거뒀어야 했는데 인생살이의 나의 착오는 이렇게 반복되는 것일까?

(2009. 4.)

5

국화 따러 무주까지

큰 바구니에 노란 국화꽃이 가득하다.
꼭 우리 손녀들이
빨강, 노랑, 갈색 물감을
손에 묻혀 꾹꾹 찍어 놓은 듯
단풍의 펼쳐짐이 근사했다.
정상엔 저수지가 있었다.
산이 조금 깊어지고 맑은 저수지에
하늘과 단풍이 곱게 비췄다.

재학 시절

「재학시절」이란 제목을 받고 보니 중앙 푸른 동산에서의 6년이 주마등처럼 뇌리에 스친다. 1956년 중학교 입학, 그해 2학기 때 지금의 북아현동 능 안, 애기 능 터로 인사동에서 학교가 이사를 했다. 문학소녀로서의 별명을 단채 그곳 모교서 꿈을 키웠다. 그때는 운동장이 어쩜 그리 넓은지.

체육시간과 방과 후 틈틈이 돌을 줍고 운동장을 고르는 일. 뜨거운 땡볕도 모르고 조잘대며 신이 났었다. 입학식도 옆 성당을 빌려 할 정도의 좁은 견지동 교사에서의 이사는 전체 학생들에게 경사였다. 멀리 통학을 해야 하는 불편함은 아랑곳

하지 않고 가슴 벅찬 감격이었다. 그때 심은 나무가 본관 건물의 키를 훨씬 넘었다. 꿈에 그리던 푸른 동산 숲을 이루었다. 지금 추계예술대학 자리는 글라디올라스와 장미꽃 밭이었고 동심원이라 불렀다.

우리는 점심시간을 내어 학교 사진사가 바쁠 정도로 포즈를 취하곤 했던 꿈의 정원이었다. 꽃밭 한가운데 커다란 둥근 우물물이 있었다.

지금 생각하니 그 우물물이야말로 안심하고 먹을 수 있었던 시절이었다.

우리 중앙엔 각반의 특별 활동이 활발했었다.

오케스트라반, 합창반, 방송반, 원예반, Y-teen의 맹활약도 훈훈했었다.

나에게 잊을 수 없었던 문학반에서 편집 활동은 지금의 글 쓰는 취미를 갖게 한 씨앗이 되었다. 일 년 중 10월 개교 기념일 전 후로 열렸던 문학작품 발표회. 우수한 작품들을 많이 냈던 문학소녀들은 지금 무얼 하는지.

그때 모셨던 강사님이신 양명문 시인의 작품 평은 지금도 유익한 밑거름이 되고 있다.

이웃 학교 한성고교에 가서 시 낭송도 하고 휘문고교 교지에 작품이 실린 것은 그때 내 어깨를 으쓱 하게 했다.

고등학교 3학년 때 작품 발표회에서 장원에 뽑혔다. 「죽겠다」라는 제목의 산문이었다.

우리 학교 교지 『참대와 죽순』에 실리듯 글을 쓸 기회를 가졌었다면 혹 중견 작가가 되지 않았을까? 중학교 때는 '옹달샘' 고교 때는 '조약돌'이란 명칭으로 9명이 동인 활동도 했다. 1. 2. 3학년, 3인이 모여 '9인회'라 이름하고 손수 작품집을 만들었었다. 그때 시인이신 추영수, 이희철, 은사님께서 지도를 해 주셨다.

대학 입시 준비에 지장을 지적하시면서도 지켜 봐 주셨던 부모님이 지금 나를 있게 하셨다. 진학 준비를 하면서 책을 매달 한 권씩 내는 일은 쉽지 않았다. 형편 따라 회비를 모아 자금을 마련했다. 일일이 철필로 쓰다 보니 어려움도 많았다. 숙달된 기술도 없이 등사기를 밀다 원지가 찢어지고 먹투성이가 될 때도 있었다. 등사실 아저씨의 도움도 많이 받았던 것 같다. 한 권의 동인지가 나올 때마다의 기쁨은 아기를 기다리던 산모의 환희와 같았으리라.

무엇엔가 목말랐던 청춘의 갈등을 글 쓰는 열정으로 풀었던 순수한 고교시절, 벌써 50년이 넘은 빛바랜 사진처럼 아득한 추억이지만 돌아가고 싶은 시간들이다. 그 시절의 활기가 아쉽다.

중학교 운동회 때라 기억 하고 있다. 넓은 운동장에서의 곤봉 마스게임 추억은 머릿속 보석 상자에 넣어 두었다.

어버이날이면 작은 선물을 준비해 각반에서 엄마를 모시는 행사가 있었다. 성신여고 다니는 동생 학교에도 같은 날 초청되어 어머니는 돈암동과 북아현동을 급하게 오가시는 자식 사랑을 보여주셨다.

설립자이신 황신덕 이사장님께서 여성 교육의 목표로 권장하신 일이라 여겨진다. 지금은 이런 사랑 담긴 행사가 없어지고 입시에만 몰두해야 하는 세태가 아쉽다. 황신덕 설립자께선 얼마나 섬세하시고 학교를 아끼셨는지를 목격할 기회가 있었다. 좌담회 취재를 했던 때 일이다. 참석자 앞에 과자와 뜨거운 차가 한 잔씩 놓여 진 자리였다. 찻잔 밑에 과자를 받쳐 놓으셨다. 회의실 책상에 혹 자국이 날까 염려 하신 주인 되신 섬세함이었으리라.

오케스트라 단원들의 합숙 훈련, 당시 중앙의 오케스트라는 널리 알려진 수준이었다. 해마다 정기연주회를 할 정도였다. 고2 때 양구에 있는 부대로 위문단 취재차 동행했다. 무용반까지 가세한 다양한 프로그램에 장병들이 흐뭇해하던 모습은 지금도 생생하다. 우리는 군복에 철모까지 쓰고 입대식도 했다. 우리 위문단을 위해 내무반에 막사를 마련한 성의도 고마웠다. 장교 부인들이 손수 빚었다던 꿩 만두 맛은 처음이자 마지막 먹어본 귀한 음식이 되었다.

수학여행 추억도 잊을 수 없다. 곱게 단풍든 가을, 해인사 경주 고적 답사의 기회였다. 그곳 여행기를 교지에 내가 실었다. 캄캄한 새벽의 토함산 일출을 맞이하기 위해 새벽 4시에 출발했다. 이른 시간임에도 발걸음은 가벼웠다. 쾌청한 일기로 땅을 뚫고 붉게 솟아오르는 태양의 힘찬 모습. 바로 우리의 의기충천한 그 모습이었다. 바위라도 뚫을 듯한 우리의 젊음 그대로였다.

인솔 하시는 선생님들 바지 밑단을 봉해 놓고 바지를 입으시다 넘어지시길 바랬고, 얼굴에 장난기어린 분장을 해드렸던 극성쟁이 여학생들은 지금 70대에 들어섰다.

후배들이 더욱 모교를 빛내주기 믿으며 교훈 따라 참된 사람, 실력 있는 여성, 질서 있는 국민 되기 위해 성장하는 후배들 되기를 빈다. 모교를 지켜주신 여러 선생님 가정과, 졸업생, 그리고 재학생들의 건승을 진심으로 빈다.

중앙여중 중앙여고여! 계속 발전 하라. (2010. 5.)

국화 따러 무주까지

벌써 국화 밭에 서 있는 나를 본다. 일주일 간 망설였다. 갈 수 있을까? 무주로 떠나는 국화꽃 문학기행. 나의 허리 통증과 남편의 어깨 수술 날을 앞두고 병원에 가는 날인데, 마음이 편치 않아서이다.

시계는 새벽 4시를 가리켰다. 갈까? 말까? 망설이기 두어 시간. 장거리라 걱정하면서도 남편은 가기를 권유했다. '핫팩'을 허리에 대고 일행이 만나는 곳으로 갔다. 이른 시간인데도 일행들은 다 모여 있었다. 모두들 두꺼운 옷차림이 어울렸다. 목도리까지 두르고 간 내 차림도 잘 했다 생각했다.

열한 명이 승용차 세 대에 나누어 타고 두 시간을 달리다 쉰 곳은 죽암휴게소. 내가 탄 차에 교수님이 타셨다. 시속 100km의 속도로 달렸다. 낯선 길에 운전을 잘도 하시는 유경희 선생님. 안전 운행을 빌며 동승했다. 충청도의 경계에선 충청도 사투리, 전라도의 경계에선 전라도 사투리. 길 안내를 하던 네비게이션의 구수한 멘트에 우리는 많이도 웃었다. 준비한 떡이며 빵 등 먹을 것이 많았다.

움츠리고 있는 일행들을 보면서 따끈한 국물이 딱 일거라는 생각에 내가 우동을 한 그릇씩 사기로 한 게 잘 한 것 같다. 우동 국물에 몸이 풀리는 듯 했다. 또 한 시간을 달려 도착한 무주의 한 주유소에서 우리를 마중 나오신 문사장님을 만났다. 국화 밭까지는 비포장도로를 꼬불꼬불 10여 분간 달려야했다.

해발 850m. 그곳을 오르는 순간 보이는 노란 국화와 하얀 국화가 어우러진 밭은 장관이었다. 국화 밭 옆에서 노란 국화차 시음을 했다. 콩알만 한 국화 송이가 뜨거운 물속에서 활짝 피었다. 노랗게 우러난 차의 그윽한 향이 마음까지 흐뭇하게 한다. 두 잔을 연거푸 마셨다. 입에 착 붙는 향과 맛이 특이했다.

한 시간쯤 국화꽃을 땄다. 허리 통증을 참으며 귀한 순간을 놓칠세라 예쁜 꽃을 땄다. 어쩜 색이 이리 고운지. 꽃을 따기

조차 아까웠지만 몰인정하게 따서 바구니에 담았다. 공기 좋고 햇볕 좋은 곳. 파란 하늘이 유난히 높은 날이다. 진디물이 끼는 어려움도 있지만 농약을 안 주는 곳으로 인증 받은 곳이란다. 줄기마다 진디물이 덕지덕지 붙어 있었다.

가을볕을 아쉬워하며 즐기는 중에 인기척에 놀란 소금쟁이 한 마리가 긴 다리로 꽃 위를 걷는다. 파란 날개의 여치도 놀란 듯, 포물선으로 날아오른다. 이 곤충들이 무공해 농작을 증명한다. 매일 아침저녁 두 차례씩 물줄기로 세척도 한단다. 동네 할머니들이 10여 일째 꽃을 따는 중이란다. 꽃 따는 손이 익숙하고 아주 빨랐다.

큰 바구니에 노란 국화꽃이 가득하다. 난 무릎이 아파서 쪼그려 앉기가 불편한데 어떻게 여러 시간을 앉아서 작업을 할까.

문사장님 말씀이 70세 넘으신 할머니들이신데, 새참 드시고도 12시에 점심밥을 한 그릇 반씩 드신다고 했다. 일당 5만원. 돈보다는 시골서 가을걷이도 끝난 즈음에 시간을 보낼 수 있으니 얼마나 다행인가. 다른 일보다 꽃밭에 앉아 일하는 게 멋있는 일인 것 같다.

검게 그을린 할머니들의 얼굴엔 건강 빛이 돌았다. 기르고 가꾼 농장 문사장님의 손길에 이 분들의 노고가 더해져 국화차를 생산하는 것이다.

큰 트럭이 요란스레 언덕을 올라왔다. 점심식사를 싣고 온 차라 했다. 큰 들통에 담긴 배추 국, 여러 가지 시골 반찬, 따뜻한 밥을 국화 밭 옆에 자리를 깔고 먹었다. 여럿이 먹는 오랜만에 접한 야외에서의 식사였다. 별미였다. 맑은 공기와 같이 먹으니 그 맛이 일품이었다.

식사 후 흰 국화 밭으로 이동, 흰 국화도 땄다. 송이가 노란 국화보다 커서 금방 한 바구니가 되었다. 아쉬운 손길을 멈추고 무주 리조트로 향했다. 케이블카 운행 시간이 4시 30분까지라 서둘러 그곳으로 향했다.

케이블카를 타는 시간은 왕복 30분. 정상이 까마득하게 보이는 곳이었다. 고사목이 밑으로 내려다보인다. 이곳 숲은 특이한 볼거리였다. 뜻밖에 외숙모와 외사촌을 만났다. 지난 주 오빠네 결혼식에서 만났었는데 너무 반가웠다. 따끈한 차 한 잔 드시라며 급히 주머니에 돈 조금 넣어드린 후 서둘렀다. 종종 걸음으로 케이블카에 올라야 했다. 아니 전라도 땅 무주에서 돌아가신 엄마의 혈육을 만나니 얼마나 반갑던지! 스쳐지나가기만 한 게 못내 아쉬웠다.

상경하는 길에 적상산을 올랐다. 단풍이 하도 곱고 빨간 치마를 펼쳐 두른 듯 하다해서 적상산이라 부른다. 꼬불꼬불하나

잘 포장된 길이었다. 오르는 길엔 군데군데 은행나무와 단풍나무가 어우러져 단풍진 풍경이 곱기 그지없다. 꼭 우리 손녀들이 빨강, 노랑, 갈색 물감을 손에 묻혀 꾹꾹 찍어 놓은 듯 단풍의 펼쳐짐이 근사했다. 정상엔 저수지가 있었다. 산이 조금 깊어지고 맑은 저수지에 하늘과 단풍이 곱게 비췄다.

봉지에 가득 담은 국화꽃이 혹시 뜰까 변할까 공기를 쐬어주며 귀하게 받들며 집에 도착한 시간은 밤 9시가 넘어서였다.

꽃이 시들기 전에 작업을 해야 하는데 피곤함에 그냥 시원한 곳에 펼쳐만 놓고 잤다. 몸은 여기저기 결리고 아프고 자면서도 어떻게 만들어야 하나 부담이 되었다.

이튿날 아침 국화꽃을 차로 만들기 위한 작업에 들어갔다. 대추와 감초를 넣어 끓인 물에 약간의 소금을 넣고 펄펄 끓을 때 국화꽃을 조금씩 넣어 데쳐서 소쿠리에 건졌다. 말리는 게 문제였다. 전기장판에 말리는 게 좋다고들 했지만 나름 아이디어가 떠올랐다.

인덕션을 약하게 틀고 은박지를 깔고 말렸다. 물기가 말랐을 즈음 한지 위에 널어 베란다 볕에 내어 놓았다. 밤엔 방 안에 놓고 하루 종일 보고 또 보고 정성을 넘어 집착에 가깝도록 매달렸다. 3일 후, 완전히 말라서 아주 예쁜 국화차가 탄생했다. 그윽한 향으로 예쁜 빛깔로 자연의 맛으로 마실 최학용 표, 국화차가.

(2009. 10.)

꽃을 받던 날

생일을 하루 앞둔 날, 서양난 꽃바구니를 받았다. 제자로부터 보내 왔다.

노란색의 예쁜 난 꽃바구니, 나비가 춤추는 듯, 무용수가 우아한 드레스를 맘껏 펼치며 하늘을 나는 듯했다. 만개한 이 꽃은 호접란이었다. 다른 무엇보다 꽃을 선물 받는 기쁨은 항상 배가된다. 꽃을 유난히 좋아하는 나를 알기에 보내 온 제자의 정성을 또 받았다. 개나리꽃과 같은 노란색이 화사하다.

해마다 받는 꽃이지만 노란색이 더없이 밝은 마음을 전한다.

그러나 기쁨은 잠시, 이튿날 힘이 없는 꽃을 보고 기뻤던 마음이 순간 서운함으로 바뀌었다. 예쁜 바구니 속엔 노란 종이에 싼 여섯 개의 조막만한 일회용 화분에 한 대씩 난이 심겨져 있었다. 흙은 전혀 없고 나무껍질만이 들어 있었다. 겉 치레를 위해 철사로 묶여 그나마 줄기끼리 의지하고 있었다.

요란한 한지 포장이 무색했다. 보낸 제자에게 말 할 수도 없는 일이다.

바짝 마른 잎이며 뿌리, 바구니에서 꺼내 스프레이로 물을 뿌려주니 간신히 깨어나는 듯했다. 아마도 보낸 사람은 비싼 돈을 지불 했을 텐데. 생각컨데 전화로 배달시킨 것 같았다. 앞으로의 고객으로 보지 않고 일회용 상술을 부린 처사가 원망스럽기까지 하다. 앞을 내다보고 양심껏 고객을 대하는 상혼이 아쉽다.

이런 일도 있었다. 아들 이사 기념으로 커다란 화분 세 개를 배달 시켰다.

받아보니 큰 화분에 흙이 반도 안 담겨있고 나무는 겨우 화분에 줄로 매어 간신히 서있었다. 내가 골라 놓고 온 그 화분이 아니었다.

이름 있는 화훼단지서 산 것도 그 모양 이니 힘이 빠졌다. 꽃을 무조건 좋아 하는 마음에 흡족함이 부족한 소치인가보다.

향나무는 자기를 찍은 도끼에도 향기를 묻힌다던데...그런 사람들의 향기로 가득한 세상을 꿈꾸어 본다.

며칠 사이에 두 번이나 꽃으로 인해 마음이 상했다. 봄 향기처럼 다시 기분 좋아질 일들이 많았으면 좋겠다하고 기대해본다. 내일은 행복한 상상, 긍정의 에너지로 시작해 보고 싶다. 그래도 꽃 받던 날은 행복했어라. (2013.)

사랑하는 나의 오빠

깊어가는 밤, 항암제를 맞고 계신 오빠가 마음에 걸린다. 간절한 기도 후 잠을 청해 보지만 그냥 새벽을 맞았다. 새벽기도로 인도하시는 주님을 오늘도 만났다. 평소 건강을 자신하셨는데 쉽게 무너지시다니, 병을 이기는 장사가 없다는 말이 실감난다.

오빠에게 몇 번 장 검사 하실 것을 권해도 차일피일 몇 년을 미루셨다. 체중이 눈에 띄게 줄고, 식욕이 없고, 안색이 창백하셨다. 그제서야 억지로 병원에 모시고 가서 검사 받던 날. 대장 내시경 검사하러 들어가신 원장님이 금방 나오셔서 너무 놀랐다. 예상대로 대장암이었다. 이때의 놀람과 난처함은 눈물이 말해 주었다.

대학병원으로 옮겨 검사 한 달 만에 수술날짜가 잡혔다. 피를 말리며 초조했던 수술시간은 장장 5시간. 호미로 막을 일을 가래로 막는 격이 되었다. 수술실에서 나오실 때 소변줄, 콧줄, 수액도 몇 가지나 달고 계신 모습이 바윗돌에 짓눌린 듯 답답해 보였다.

며칠 지나며 한 가지씩 제거될 때마다 다소 위로가 되었다. 열두 번의 항암제 치료가 정해졌다. 항암제를 맞아본 경험이 있기에 나는 걱정이 컸다. 어찌 버티실까? 동병상련의 정이 가슴에 와 닿았다. 어느 땐 배추 된장국에 몇 가지나물, 늘 엄마가 우리에게 맛있게 해주셨던 그런 것들이 힘이었지! 생각하고 해다 드려도 잘 못 드시고 토하시고 입맛을 잃으셨다.

시간이 며칠 지나면 조금씩 드시고, 드실만하면 또 주사를 맞고, 열두 번을 반복해서 혈액검사를 하고, 그 후 수치가 낮으면 또 기다리고.

보름에 한 번씩 맞는 주사는 장장 8개월이나 걸렸다. 간호하시는 올케 언니도 건강이 좋지 않아서 마음이 늘 안쓰럽다. 유난히도 무덥던 여름은 온가족들에게 고통의 시간이었다. 그래도 잘 참고 견디셨다. 손자, 손녀의 재롱이 큰 힘이 된 것 또한 감사한다.

열두 번째의 주사는 가히 쾌거라 불렀다. 긴 터널을 빠져 나온 듯한 기분에 기뻐하시던 오빠. 그렇게 교회 가실 것을 권했지만 안 듣던 오빠가 세례식을 맞았다. 세례식장에서 가족들은 많이도 울었다. 하나님이 고쳐주시려 자녀 삼으셨다는 자신감, 오빠가 믿고 계시리라.

수술 10개월 만에 묘한 자리에 의심이 가는 게 있다며 의사 선생님께서 또 수술을 해야 한다는 것이다. 먼저 상처 부위를 또 열어야 하니 얼마나 아프실까? 청천벽력 같은 뉴스에 온가족의 마음은 초조하기 이를 데 없었다. 다시 열두 번의 항암제를 맞으셔야 했다. 이런 상황이 불안하여 늘 오빠 곁을 지켰다.

재수술 후 일 년 반 만에 간 부위 고주파치료까지 받으시는 고통을 잘 이겨 내신 우리 오빠. 땅이 꺼질듯 한 한숨은 가족 모두에게 다가왔다. 또 장시간의 수술, 기력이 받쳐줄지가 걱정되었다. 우린 수술실 앞에서 혹시 무슨 일이 있어 보호자를 부르진 않을까? 하는 불안에 떨며 전광판에 눈을 고정시키고 회복실로 옮겼다는 소식을 기다렸다.

회복실서 병실로 옮긴다는 오빠 이름 부르는 방송에 나는

100m 달리기 선수 우사인 볼트 보다 더 빨리 수술실 앞까지 달려갔다. 얼굴은 잔뜩 붓고 괴로운 표정의 오빠가 실려 나왔다. 입술은 다 탄 듯 까맣고 수술 부위를 움켜쥐고 괴로워하셨다. 상처는 먼저보다 더 컸다.

거즈를 물에 축여 입술을 계속 적셔드리는 일과 진통제가 들어가게 하는 일 뿐, 우리가 대신해드릴 수 있는 일이 없음에 안타까웠다. 주위에 친구들이 유난히 많은 오빠는 누구에게나 호인으로 통하는 오빠인데…. 엄마가 하늘나라에서 오빠 수술하신 줄 아셨다면 금방 쫓아 오셨을 텐데….

얼마나 아끼시던 큰 아들이셨던가! 우리 칠남매가 자랄 때다. 오빠 신발이라도 타넘었다가는 할머님께 혼쭐이 났다. 무엇이든 좋고 큰 것은 다 오빠 몫이었다. 오빠 아래 두 살 터울 언니가 있는데, 오빠 두 돌도 안 되어 언니가 태어났다고 할머니께서 "오라비 젖을 오래 못 먹게 일찍 태어났다." 고 하시며 섭섭한 마음을 나타내셨다고 한다.

집안 어르신들께선 첫손자인 오빠를 무릎 위에서만 키우셨단다. 너무 귀히 커서 장성하도록 '우리 부용이, 우리 부용이' 하시던 생각이 난다.

사업가이셨던 아버지가 계셨기에 늘 풍족했고 호강으로 자라서 악착같은 성품은 타고나지 못하셨다. 공무원 생활을 접고 사업에 눈을 돌린 후 사업에 거듭 실패를 했다. 장남으로서의 압박감도 병을 유발시킨 원인일 수도 있다는 생각이 든다. 엄마가 돌아가심도 오빠 사업실패의 충격이라 여겨진다. 이런 것들이 내 가슴 속에 흉터가 되어 화석처럼 박혀 있다.

지난 겨울 언니, 여동생과 오빠 내외를 모시고 콘도에 가서 쉬고 왔다. 말씀은 없으셔도 오빠가 계심의 든든함은 또 확인되었다. 내가 여러 번 입원할 때마다 매일 찾아주시던 것처럼 묵묵히 사랑을 실천하고 계신 오빠. 나에겐 늘 힘을 더하여 주심에 감사드린다.

지금도 한여름 내복 입은 것처럼 온몸이 답답하다. 바라건대 '뒷산에서 멧새라도 한 마리 포로로 날아들 듯 오빠에게 행운이 찾아왔으면' 하고 빌어본다. 스물 네 번의 항암제 주사, 평소 습관대로 어려움을 참고 걷는 운동도 하셨고, 손자 손녀 학교와 유치원을 챙기시던 일들을 일상에서 놓지 않으신 것이 큰 치료 약이였던 것 같다. 손자 손녀들에게 인기 짱이신 사랑하는 오빠의 쾌유를 두 손 모아 간절히 기도한다. 오빠가 꼭 쾌유하셔야 하는 이유가 많지만 그 중 한 가지, 93세이신 아버지께서 생존해 계시기에.

보고 싶은 오빠께

뚜벅뚜벅 남한강을 걸어오는 봄의 소리가 정겹습니다.

오빠!

오빠 동생들 여섯 명이 모여 한강이 내려다보이는 식당 "하늘정원"에 모였습니다. 호주 사는 숙용이가 6개월 머물다가 다음 주에 가거든요. 숙용이가 그간 저도 많이 도와주고 올케언니 위로도 많이 해드렸어요.

아버지 돌아가셨을 때 다녀 간 후 기어이 오빠 산소라도 간다며 열 시간의 비행을 해서 왔습니다. 멀리 살아 늘 염려하시고 보고 싶어 하신 동생, 얼마나 반기시고 하고 싶은 얘기가 많으셨을까요?

올케 언니도 모시고 왔습니다. 주말에 두 번이나 콘도를 정해놓고 눈 쌓인 경치도 감상하고, 순박한 시골 교회서 예배도 드려보았습니다. 그래도 서운하다고 막내가 마련한 자리입니다. 오빠의 빈자리가 큰 오늘 만이 아닙니다. 마음의 공허함이 갑자기 찾아올 때에는 눈물을 주체 못합니다. 괴로워하실 때 생각하면 지금도 숨이 가빠집니다. 오빠 묘지에 가서 많이도 울었습니다. 오빠 안 계신 지구는 멈추리란 생각엔 변화가 없습니다. 그런데 우리가 살고 있음은 오빠의 도우심이라 여기고 싶습니다.

보름동안 물 한 방울 못 드신 상황, "아무 국물이라도 한 모금 마시고 싶다." 하셨던 간절한 바람은 어이없이 이 세상에서는 무너졌습니다. 마음이 더욱 아립니다. 그런 상황에서도 옆에 가족들에게 마지막까지 먹을 것을 그리고 오가는 것 까지 챙기던 손길. 오빠는 영락없는 엄마 아빠를 닮으셨더군요. 삶의 의지를 굳게 세우시고 항암제 방사선치료를 다 이겨 내시는 듯했는데 그렇게 쉽게 무너질지 어리석은 저희들은 몰랐습니다. 약의 부작용으로 피가 흥건하도록 심한 가려움증을 모자와 마스크로 가리시고 눈만 내놓으신 모습. 제가 병원 가는 날이면 어김없이 미리와 기다리고 계시던 모습이 떠오를 때면 가슴이 저려옵니다.

주위에 사람들이 말했습니다. 지구상에 그런 오빠는 안계실 거라고요. 그렇고 말구요. 저에게 힘을 실어주신 오빠를 다시는 볼 수도 얘기도 할 수 없음에 망연자실 할 수밖에요. 누가 좋은 과일이나 떡이라도 가져오면 밤중에라도 차에 싣고 달려오신 오빠! 항암주사를 허리에 차고도 손자들 챙기시던 그 사랑. 못 말리는 오빠였습니다.

무던히도 저를 아끼시고 아픔을 같이 나누시던 오빠! 그런 오빠를 지키지 못해 정말 죄송합니다. 손자들 챙기시느라 당신 병을 키우셨던 오빠를 사람들은 미련하다 했지만, 오빠겐 손자들이 제일이었으니까요.

오빠가 그리도 걱정하던 현솔이 다리에서 손바닥 만 한 혹 제거 수술하던 날. 어린 게 얼마나 두려웠을까요. 수술실 앞에서 겁에 질려 엎드리더니. "엄마 난 다음에 의사 될래" 용감한 척 하는 모습이 얼마나 딱하고 대견하든지요. 입원해 있는 동안 식구들이 오빠 생각 많이 했어요. 오빠가 계셨으면 딸 사위 피곤하다고 당신이 병실서 주무셨을 거라고, 생전에 걱정하셨던 혹을 잘 떼었노라고 얘기하고 아니 외치고 싶은데 천지사방을 둘러보아도 오빠는 안 계신 허공뿐이네요.

오빠!

요즘 감기가 심하거든요. 민솔이 현솔이가 고열로 응급실까지 갔대요. 그 소식 들으시고 급히 달려가셨을 올케언니. 본인도 많이 아파 자신이 응급실 가실 상황이셨던 얘길 하시며 눈물을 글썽이셨어요. 얼마나 오빠 생각이 나셨을까요? 오빠 간병하시느라 많이 지치신 올케언니, 두고 가신 아들 딸네 식구, 저희가 힘 모으고 사랑 모아 기도로 지키겠습니다. 아픔과 주사 없는 하늘나라서 편히 쉬시기를 빕니다.

오빠!

오빠가 세상에서 제일 사랑하셨던 현솔이, 할아버지와 특별히 추억이 곳곳에 배어 있지요. 여기 현솔이가 한 마디씩 하는 말속에서 찾은 할아버지 사랑하는 마음을 적으려합니다. 사랑해요! 많이요! - 2012. 1. 동생 학용 드림

〈할아버지 자전거〉

하늘나라에 올라갈 수 있는 사다리는 없을까?
올 여름 아주 더운 날 할아버지는 하늘나라로 가셨다.
왜 가신다는 말도 없이 가셨을까?

병원서 뵈어도 나를 무릎에 안고 뽀뽀 해주시던 할아버지.
엄마 아빠께 졸라 본다. 소방차보다 긴 사다리는 없는 거냐고.
할아버지는 쌩쌩 달리는 자전거도 두고 가셨다.
할아버지가 하늘만큼 땅만큼 보고 싶다.
꿈에라도 할아버지 허리를 꽉 잡고 달리고 싶다.
할머니 댁 현관에 할아버지 자전거와 운동화가 나란히 놓여 있다.
할아버지는 우리와 놀아주셨기에
돌아가시도록 아프신 줄도 몰랐다.
할아버지 하늘나라에선 아프지 마세요.
자전거 바구니에 내가 좋아하는 공룡을 싣고
"짠"하고 나타나실 것만 같다.
현솔아! 민솔아!
내 이름 누나 이름 크게 부르시며
함박웃음 띠신 얼굴로 꼭 오실 것 같다.
할아버지! 빨리 오세요.

(『수필문학』 2014. 4월호)

아버지

"너희 엄마는 죽으면 아까운 사람이다."

늘 아버지가 우리 자식들에게 하시던 말씀이다.

천생연분이셨던 어머니, 아버지. 두 분이 자식들에게 보여주신 생활의 가르침은 우리들 가슴에 스며들었다.

엄마의 위 어르신들에 대한 섬김과 순종은 칭송을 받을 만했다. 식사 때마다 따뜻한 국이 기본이라 생각하셨고, 방 윗목에 석유난로를 두시고 끼니마다 공경하셨다. 위 어르신들 주무실 때 여름엔 모기장을 준비해 드리고 겨울엔 혹여 방이 추울까봐 군불 때기에 신경을 쓰셨다. 반짝이게 안팎을 닦아 준비해 드린 요강도 생각난다.

교육열도 대단하셨다. 오빠 언니 나까지 삼남매는 평택 고향에서 초등학교를 다녔다. 동생들 초등학교부터는 서울 좋은 학군에 맞추어 방을 얻어 살림을 차려놓으시고, 언제 나올지 모를 현장 조사에 대처하셨다. 칠남매를 키우시면서 큰 소리가 담을 넘지 않으셨고 '이 자식'이란 말조차 입에 담지 않으셨던 엄마셨다.

"너희 엄마는 죽으면 아까운 사람이다."

긴 세월 엄마와 함께 하셨던 아버지의 사랑과 애틋함이 함축된 표현이셨다. 아버지에게 엄마가 얼마나 소중하셨던가. 우리 엄마가. 우리 세 자매는 어릴 적 한 방을 쓰면서, 신랑감은 우리 아빠 같은 사람이라고 입버릇처럼 얘기하곤 했었다. 엄마 하늘나라 가셨을 때, "내가 애들과 3년만 더 살다 가리다." 하셨던 나의 아버지. 그 후 7년을 외롭게 지내시다가 엄마 곁에 가신 지 2년이 흘렀다.

우리에게 다 퍼 주시고도 더 챙겨 주시지 못함을 늘 아쉬워하셨다. 초겨울 음산한 날에 등 뒤서 내려 비치는 햇살 같은 이름 아버지, 우리 아버지!

아버지께선 우리 칠남매는 물론, 18명의 손자 손녀들 모두의 근황에 관심을 가지시고 격려해 주셨다. 손자 손녀들 자랑도 누구에게나 즐겨하셨다.

돌아가시기 3년 전. 일상이 바쁜 아들들 형편을 헤아리시고 자신이 요양원을 택하셨다. 지혜로우시고 현명하신 아버지다운 판단이셨다. 자주 찾아뵙기는 했어도 얼마나 외로이 지내셨을까. 아버지는 내가 찾아가면 반가움이 가득하셨지만 늘 어서 가라고, 자주 올 것 없다고 하셨다. 말씀은 그렇게 하시지만 거의 우리들이 해서 드리는 음식만 드셨다.

내가 나이 들어 여기저기 아파보니, '노인이라 아프신가보다' 라고 대수롭지 않게 지나쳤던 일들이 가슴에 사무친다. 편찮으시더라도 곁에 계실 때가 힘이 되었음을 이제야 알게 되니, 참 한심스럽다. 부모님께 효심이 대단하셨던 오빠도 하늘나라에 가시던 날, 친정의 기둥이 와르르 무너진 느낌이었다. 날개 떨어진 새와 같은 내 처지랄까. 표현할 적당한 말을 아직 찾지 못했다.

딸인 내가 위 절제 수술한 어느 날, 쓸개 없는 놈 사는 것은 보았어도 밥 통 없이 저게 사람이 될 건가? 두 분의 한숨에 구들이 꺼질 듯 했다. 어떤 기분이셨을까. 당신 어머니 돌아가신 날보다 더 소리 내어 우시던 아버지. 그 통곡을 기억하며 투병에 전심전력을 했다. 부모님 앞에서 세상 떠나는 일만은 없어야 되겠기에. 아버지 이젠 제 걱정 내려놓으시고 엄마 오빠와 평안하시길 원합니다. 엄마 오빠와 아픔도 근심도 없는 하늘나라에서 만날 때까지.

누구에게나 아버지는 끝도 없는 하늘이다. 그래서 부친의 사망을 천붕(天崩)이라 하지 않는가. 바로 하늘이 무너짐 같은 허전함을 말하리라.

결혼 앞둔 어느 날, 치과에서 만나자 하셨다. 새댁이 시집가서 아프기라도 하면 안 된다 시며 멀쩡한 사랑니를 빼게 하셨다. 그런 세심하셨던 아버지가 계셨더라면 내복을 여러 벌 입어야 할 정도로 다리가 시린 요즘의 내 고통을 알아주시련만. 주위에 모든 사람들이 대수롭지 않게 여기니 아버지 생각이 간절하다. 가슴 밑바닥에 묻혀 있는 사랑이 아버지 사랑이고 침묵해도 그 속에 사랑이 있었다.

아버지 고모님 세분이 계셨는데 조카인 아버지를 남이 쳐다보는 것도 아깝다고 할 만큼 출중한 인물이신 아버지. 아버지가 그리워짐은 나이 탓일까. 이번 설날, 엄마 아버지 사진을 내 서재 책꽂이 위에 올려드렸다. 오빠까지 안 계신 이 허전함을 달랠 길이 없어서다. 형제자매들 서로의 손을 뜨겁게 잡고 더 사랑하리라 다짐해 본다. 매일 사진을 뵙고라도 사죄드리고 싶다. 힘을 얻고 싶다. 사랑했다고, 사랑한다고 말씀드리고 싶다.

자녀들의 고충을 다 맡아 해결해 주시던 카리스마 넘치시던 그 기력, 장대하시던 그 모습은 다 사라지고 마지막엔 살 한 점 없이 가셨다. 옛날에 정미소, 양조장, 운수업, 염전을 운영하셨을 때의 당당함은 온데 간데 없으셨다.

「아버지」란 글쓰기 제목을 받아놓은 그날 밤, 나는 젊은 아버지와 손잡고 그 옛날 종로 화신백화점을 걸었다. 50년대 초등학교 시절, 아버지 손잡고 자주 가던 그 곳. 나는 어린이가 되어 깡충깡충 행복해 했다. 사업가이셨던 젊은 시절 당당한 모습이셨다. 그 옆에 인자한 웃음 띤 젊으신 엄마도 함께 계셨다.

"아버지!", "어머니!" 크게 외치며 불렀다. 황홀한 꿈이었다.

(2014. 7.)

가을에 담아보는 소망

갓 태어난 손녀 지원이의 수술로 온 집안이 어수선하고 무거운 분위기였다. 척추 끝에서 척수액이 조금씩 새는 이상이 있다고 한다. 세상이 샛노랗게 보이는 듯 머릿속이 하얗다. 척추는 우리 몸의 기둥이 아닌가.

첫째 손녀 혜원이를 얻고 손자를 기대했었는데 또 손녀를…. 하는 서운한 마음 가질 사이도 없이 청천 벽력같은 수술통보. 어린 것이 수술을 해야 한다니.

삼복더위에 2차에 걸친 수술로 온 가족이 병원 드나드는 생활이 계속되었다. 제일 딱한 것은 지원이가 수술로 금식하는 날이면 곁에서 손길만 스쳐도 입을 벌려 먹는 시늉을 하며 울고 또 우는 일이었다. 에미 애비와 나는 눈물 콧물 뒤범벅에 가슴이 짓눌려 지냈다.

발바닥에 불이 나도록 이리 저리 뛰었던 일들이 정신없이 뇌리를 스친다. 짧은 소매 옷이 긴 소매 옷으로 바뀌었지만 가을이 오는 것도 몰랐다. 달력에 표시된 입추니 상강이니 하는 24절기가 언제 지났는지? 세상에 난지 5개월 밖에 안 된 어린 지원이의 건강만을 빌었다. 산후 조리도 못하고 울며불며 병원을 오가던 에미도 딱했다. 신생아 집중 치료실에 젖을 짜서 나르고 창을 통해 먹는 모습을 보아도 발이 떨어지지 않아 몇 시간이고 매미처럼 붙어 있었다.

이런 와중에 어느 날 알맞게 핀 노란 국화 화분 두 개가 병원에서 지쳐 온 나를 반겼다. 어머! 가을이구나! "웬 국화야" 가을을 가까이서 느낄 수 있는 행운을 얻었다. 새 힘이 돋는 듯한 기분이었다. 단풍을 일컬어 나무가 봄에 싹터 죽음으로 가는 과정이라지만 난 국화향이 있어 좋고 색색으로 물든 잎은 색깔이 고와서 좋다. 아파트 창문 밖의 단풍이 이제야 눈에 들어왔다. 노랗게 물든 은행잎은 어느새 다 발라먹은 생선가시처럼 앙상하다. 떨어진 은행잎은 노란 카펫처럼 길 위에 두툼하게 깔렸다.

‘여자가 결혼해서 김장 서른 번 만하면 인생의 석양이라’더니 나는 몇 번째 맞는 가을인가?

‘추워지는 날씨에 움츠려 들지 말고 힘을 내자.’ 이 가을에 내 마음의 슬로건으로 삼고 싶다.

딸이 출퇴근길에 늘 지나는 꽃집에 진열해 놓은 꽃들이 그렇게 예쁘더란다. 아마 딸도 가을을 모처럼 느꼈나보다. 꽃의 아름다운 색감과 알맞게 핀 정도로 집안 분위기를 확 바꿔준 딸의 배려가 고맙다. 말없이 늘 좋은 일만 실천하는 딸의 예쁜 마음이 갸륵했다. 미숙한 운전에 달리다가 꽃집에 들린다는 것이 보통 성의가 아닐진저.

고등학교 국어 교사이면서 교회에서 피아노를 반주하는 딸이다. 난 딸이 기도하는 모습을 놓칠세라 앞자리에 앉아서 지켜보곤 한다. 개척교회라 딸에게도 대표기도를 하는 기회가 자주 돌아왔다. 언제나 차분한 딸의 모습, 남을 배려하는 예쁜 마음은 여기저기서 눈에 띈다. 목사님 댁 아이들을 챙기는 일이며, 성도들 식후 설거지, 중고등부 성경공부, 학교공부까지 도와주는 일 등등 하나님이 보시기에 얼마나 예쁠까. 계란 한 판만큼의 나이가 차도록 늘 봉사와 공부만 해온 성실한 딸이다. 늘 아픈 엄마를 아침마다 "엄마 괜찮아?" 하며 부엌에 들어와 아침 밥 짓는 내 등 뒤에서 조용히 허리를 감싸 안을 때면 감사보다는 미안함이 앞선다. 중병이었던 엄마가 이렇게 회복한 것도 딸의 기도와 정성이라고 여긴다.

엄마 입원실에서 엄마 잠들라고 이불을 뒤집어 쓴 채 손전등을 켜고 철야 기도를 하던 딸이기에 딸을 향한 내 사랑이 남다를 수밖에 없다. 부모는 자식을 향해 무슨 일이건 할 수 있다 해도 부모한테 자식이 정성을 다함은 힘든 일인 것을 익히 안다.

자식을 얻었을 때의 기쁨이 부모에게는 더 바라지 않아도 될 만큼의 큰 기쁨이건데 이렇게 사랑을 받음이 행복하다. 외출을 해도 늘 챙기고 걱정하는 딸의 섬세함과 배려하는 마음은 꼭 오빠를 닮았다. 우리 아들딸은 천사표를 달고 다닌다. 어려운 대학원까지의 공부, 그보다 더 어려운 중·고등학교 교사 임용고시 이 모두를 해낸 장한 딸이다.

담임으로 맡은 반 아이들을 늘 기도로서 지도하며 무결석 반으로 이끄는 딸의 힘을 보면 사랑하는 딸이 교사가 된 것은 천직이라는 생각이 늘 든다. 그래서 언제나 딸을 후원해주고 싶은 생각이다.

시어머님의 오랜 병환과 나의 수술 등으로 뒷바라지를 제대로 못해 준 점 늘 미안하다.

지원이는 우리 가족을 다시 웃게 해 준 천사다.

지원이의 수술은 우리 가족을 더욱 굳건하게 뭉치게 만들었고, 서로를 위한 사랑은 어느 때보다도 더 끈끈해졌다. 서로 기도하고 위로해주는 두터운 가족 사랑이 지원이를 건강하게 탄생시켰다.

하나님은 기쁨과 고통을 함께 주시는 공평한 분임을 이 가을에 국화꽃과 함께 마음에 새겨본다.

지금 한창 익어가는 모과의 상큼한 향처럼 지원이의 건강을, 그리고 마음 풍성한 올 가을이 되었으면 한다.

(2002. 11.)

6

가족에게 띄우는 편지

애비 진로를 위해 기도하던 중 모교인 연세대학교에 교수로
오게 됨은 정말 우리가 바라던 바였기에 감사한 일이다.
이 영광을 하나님께 돌리자.
애비가 박사학위 받던 날 이 기쁨을 못 보고 죽었으면
어쩔 번했나 하는 생각도 했단다.
늘 너희를 향한 기도가 그것이었지.
애비의 온순한 성격으론 제자들에게
인간미 담긴 사랑의 가르침을 실천하고
계속되는 연구도 순탄하길 엄마는 굳게 믿는다.
언젠가는 노벨상도 대한민국 아들 윤석진에게 주어지리라고.

사랑하는 아들아 · 1

첫 출산으로 아들을 얻었다. 우리에겐 대단한 기쁨이었다. 아버지가 독자라 의미가 남달랐다. 태몽으로 돼지꿈을 꾸었는데 돼지띠 해인 1971년 3월 30일(음력 3월 초나흘) 새벽 6시에 낳았다. 남편은 바로 통닭을 사왔다. 장장 72시간의 모진 진통 끝에 해산. 친정어머니는 제사도 며느리에서 맡기시고 못가셨다. 오랜 진통을 지켜보고 통닭이 떠올랐나보다. 아들은 잘 자랐다. 걸음마도 빨랐고, 10개월 만에 걸었다. 돌떡을 들고 이 방 저 방 돌아다녔다. 장군감이라고들 했다. 여간해서는 울거나 보채는 일도 거의 없었다.

다섯 살 때였다. 일하는 누나가 석진이가 똥 눈지 일주일이 되었다고 했다. 깜짝 놀라 알아보니 똥 닦아 달라면 화부터 내는 누나가 무서웠다며 울었다. 마당 끝 별채 작은 골목에 똥을 누고 부삽으로 흙을 덮었다고 했다. 아니 어린 것이 얼마나 궁리를 했을까? 부삽의 무게를 어찌 이겼을까? 지금 생각하니 애들이 무슨 스트레스야? 하겠지만 스트레스로 뚱뚱했나 하는 생각도 들었다. 먹기도 잘했다 보리차를 마시면서도 "엄마, 어떻게 끓여서 이렇게 맛있어?" 라고 물을 정도로 식욕이 왕성했다.

아들은 다섯 살 때부터 버스비도 내고 다녔다. 버스기사에게 취학 전이라 해도 믿으려 하지 않았다. 유치원 추첨 때는 선생님이 아들에게 의자를 두 개 놓아 주었다. 이때 32킬로그램이었다. 유치원에서는 지체가 부자유한 여자 친구를 번쩍 안아 옮겨주기도 했다.

초등학교 1학년 때 운동회에서 엄마가 애들을 업고 퇴장하는 매스게임 순서가 있었다. 나만 아들을 업지 못 해 우리 모자(母子)만 유일하게 손만 잡고 나와서 관중석에서 웃음이 터져 나왔다. 균형 잡힌 육아를 못시킨 것이 부끄러웠다. 요즘같이 어린이집도 없었고 장난감 가지고 만들기를 즐겼지만 이름 석자도 안 가르치고 유치원에 보냈다. 유치원 때 매일 써야하는 그림일기를 위해 퇴근 후 창경궁, 덕수궁 등을 자주 데리고 다녔다. 그래서일까. 1학년 입학부터 금방 공부에 재미를 알았다. 시험 보는 날, 집에 돌아올 때면 현관에서 엄마를 부르며 머리 위에 주먹을 쥐어 보였다. "빵"개를 틀렸다는 뜻 즉 만점 맞은 기쁨을 전 했다.

3학년 때 북아현동서 신설동으로 이사를 했다. 9킬로미터 거리를 승용차로 통학을 시켰다. 기사를 기다리게 하고 축구에 푹 빠져 운동장서 공만 보고 뛰다가 나무뿌리에 걸려 넘어져 다리에 22바늘을 꿰매는 큰 부상을 입었다.

선생님께 급한 연락을 받고 초인적인 능력으로 달려갔다. 병원에 도착하니 놀랍게도 의젓하게 엄마 놀란다며 상처를 손으로 가렸다. 2주간을 안정하라고 했다. 통학은 안 되는 일이었다. 그래도 굳이 개근해야 한다며 학교까지 아빠 차에 실려 가서 선생님과 친구들을 만나고 오곤 했다. 4층 교실에서 반 친구들이 모두 우르르 내려와 격려해주었다. 그 정답던 친구들은 자주는 못 만나도 잊지 말아야 된다고 기회만 있으면 일러준다.

2학년부터 피아노에 재능을 보였다. 그렇지만 6학년 때 콩쿨에 나가라는 바람에 피아노를 중지했다. 무대에 설 때 뚱뚱해서 창피하다는 게 이유였다. 아쉬웠다. 보이스카웃에 지원했다. 단

복이 반바지라 입기 싫다고 거절했다. 담당 선생님이 스카웃 단장을 시키려했다며 심히 아쉬워 하셨다. 엄마 아빠 떨어져 야영도 하고 독립심도 길러 주고 싶었는데, 맘대로 안 되었다.

중학교는 구(區)가 달라서 대광중학교로 배정을 받았다. 낯선 아이들만 있는 학교였다. 배치고사에서 만점을 받았다. 걸어서 가는 길인데 학교 도착하도록 토했다. 달라진 환경에 아는 친구도 없어 낯가림을 했다. 세 네 살 때도 예식장이나 사람이 많은 곳을 싫어했다.

집안에서만 놀고 해서 태권도장에 보냈다. 몇 해 다녀 품 띠를 땄다. 운동할 때 그 기압 넣던 용기는 어디 갔는지? 나와 같이 중앙여고에 근무하시던 체육 선생님이 마침 대광중학교에 계셨다. 그 선생님이 아들 고충을 아시고 점심시간에 체육관서 운동도 시키고 학교와 친근해 지도록 지도해 주셨다. 차츰 좋아지더니 학교 적응은 물론, 중학교 1학년 1학기부터 반장이 되었다.

대광중학교에서 성경을 배우면서 기독교에 관심을 갖게 되었다. 중2때 시골서 쌀을 가져와 10월이면 고사떡을 해마다 했는데, 떡시루에 절하고 일어나려는 순간 누워서 엄마 치마 끝을 붙들고 두 번을 못 하게 했다. 그래서 그때부터 이 집에 이사 온 날에 케이크를 사다 촛불을 켜고 생일 축하 행사하듯 바꾸었다. 가까운 영암교회에 나가기 시작했다. 그때부터 하나님을 알게 되어 고등학교 3학년 때는 2학년 담임선생님께서 퇴직 후 개척하신 교회에 청년부에서 교회활동을 했다.

1990년 기독교 학교인 연세대학교에 전액 장학금을 받으며 합격했다. 서울대는 기독교 학교가 아니라는 이유였다. 외삼촌의 적극 추천도 과 선택에 영향을 주었다. 대광고등학교에서 3년 우등을 했다. 주위에선 너무 아까워했다. 10년 후 자기를 두고 보라 했다.

대학원 때는 집에서 버스로 다니는 시간도 아깝다고 학교 바로 옆 원룸에서 공부했다. 사먹는 게 마음에 안 들어서, 새벽같이 밥을 해서 물까지 싸들고 택시를 타고 날랐다. 힘들여 가져가면 오늘 계획이 틀어졌다고 투정을 부렸다

다시는 안 해온다고 약속할게 한 번만 먹으라고 사정을 한다. 3일이 안 되어 또 향하는 어미의 마음을 억누를 수 없었다. 난 그때 위 수술을 한 상태라 지금 생각해도 그때 그 기운, 그 정성이 어디서 발로했는지 어미의 마음이 아니고는 할 수 없는 일이었다.

대학원 때, 지금의 며느리를 만나 교제했다. 1998년 11월 5일, 결혼식을 성황리에 치렀다. 고등학교 2학년 담임이시고

처음 다닌 교회의 목사님이셨던 황인출 목사님이 주례를 서 주셨다. 신혼여행 가 있을 때, 며느리가 나에게 띄운 편지를 받았다. 줄줄이 어머니 아들에게 하시는 것을 보고 잘 하기로 결심했다고 썼다. 부족해도 노력하겠다는 내용이었다. 뭔가 허전함이 몰려오며 울음이 복받쳤다. 아들을 뺏겼다는 기분이 들었다. 지금까지 살아오며 이렇게 많이 운적은 없었을 것 같다. 정신 차리고 잘 살아줄 것을 기도했다. 요즘 사람들이 나에게 한 얘기다. 그 때는 너무 마르고 병색이 짙어서 식구한테도 그 후 내 안부를 못 했다고 했다. 꼭 저 세상 갔을 것 같아서였다고 한다. 그 무렵 손녀 혜원이의 탄생은 우리 집안에 환한 웃음이 그치지 않게 하는 귀한 일이었다. 손녀를 본 기쁨이 나를 일으켜 세운 것이 아닌가 싶다. 지금 이만큼 건강해 진 것은 식구들의 정성과 주위 모든 분들의 기도 덕인 줄 믿는다.

2002년 세계적인 과학저널인 사이언스지(誌)에 애비의 논문이 실리면서 세상을 놀라게 할 세계적인 과학자로 발돋움하기 시작했다. 2002년 7월 27일, 그날 아들의 사진이 국내 주요 일간지 1면을 장식했다. 그 연구 성과로 인해 전 세계에서 지원한 박사들 사이에서 70대 1의 경쟁률을 뚫고 영국 옥스퍼드 대학교 연구원으로 발탁되었다. 이런 기쁜 소식이 또 어디 있을까? 그 때는 좋기만 하고 실감하지 못 했다. 그러나 아들 식구 넷이 영국으로 떠나간다니 커다란 공허함이 몰려들었다. 아니 서울이 빈 듯한 기분이 이럴까. 아이들을 위해 직장까지 접었었다. 아들이 초등학교 1학년 때였다. 초등학교 3학년부터 6학년까지 시험 보는 날이면 옆자리에 앉아 문제를 풀고 차타고 가는 동안에도 극성스럽게 공부를 시켰다. 지금 와서 생각하니 이렇게 안 했으면 영국 같이 먼 나라에서 살지는 않았을 거란 생각을 했다.

지난 6월 25일 둘째 손녀 지원이의 탄생. 지나고 보니 별것이 아니었나 하지만, 태아 이상을 가지고 태어났다. 너무 큰 쇼크 속에 걱정 그리고 기도가 끊이지 않았다. 두 번에 걸친 수술. 수술실에 들어갈 때 안고 가서 수술대에 눕히고 나오는 그 찢어지는 아픔. 할머니인 내가 이럴진대 에미, 애비는 어떠했으랴. 수술 전 금식을 시킬 때는 배가 고파 입술을 빨아 입술이 터질 때, 그걸 보는 마음도 너무 아팠었다. 애비는 박사학위 논문을 고생한 딸 지원이 에게 헌사 한다고 썼다. "To Jeewon" 이라고.

1차 수술에서 회복될 무렵, 8월 30일 애비가 박사학위를 받았다. 90년에 입학, 12년 만에 받은 박사 학위이다. 난 하염없이 눈물이 나왔다. 내가 수술 할 때 죽었다면 애비가 이 학위 증서를 들고 엄마를 못 보여주는 게 얼마나 가슴이 아팠을까 하는 생각이 들었다. 위암 수술 후 병실에 누워있는 내 뺨에 대고 흘린 아들의 뜨거운 눈물의 양을 생각해 보았다. 뜨거운 눈물이 암세포를 죽였다는 생각이 든다. 식구들이 둘러앉아 맛있게 음식 먹는 모습만 봐도, 내가 죽었으면 이걸 누가 해주었을까 라는 생각이 든다. 남들은 그런 얘기하면 그것도 교만이라 했다. 내가 없어도 세상을 돌아간다나. 그럴까?

10월 초 또 지원이의 2차 수술. 식구들의 아픔, 그 어린 것의 인내가 있었기에 잘 끝내고 12월 11일 영국행 장도에 올랐다. 무엇이든 기도로 감사하며 많이 참아준 며느리가 너무 고맙다. 떠나기 전 먹여 보낸 한약의 효과로 건강히들 지낼 것을 빌어본다. 매일 전화로 목소리를 들어도 만져보지 못하는 것이 아쉽고, 목소리가 힘이 없게 들리면 왜 기가 죽었나 생각하는 남편의 걱정도 가히 병적이다. 그곳에 가서 몇 번의 이사. 이제는 아이들이 원하던 집으로 이사를 했다기에 조금 안심이 된다. 그곳에 가 계신 이석영 선배님이 많이 배려해 주신 것에 깊이 감사드린다.

20일 후 구정 때 아들네 식구를 보러 가려고 준비 중이다. 떠난 지 50일 만이다. 녹음해 놓고 간 혜원이의 노래를 들으며 한 걸음에 달려가고픈 마음을 달래본다. 독수리 같이 힘찬 날개짓으로 연구에 몰두하기를 하나님께 기도드린다. (2003. 2.)

사랑하는 아들아 · 2

꽃동산 그리고 천지가 초록세상이구나.

창조의 오묘함을 실감하는 요즘이다. 연구와 강의는 잘 하고 있는지? 영국서 귀국한지 7월이면 1년이니 세월이 빠르기도하구나.

지난 주말 너희 식구와 저녁식사도 즐거웠다. 열시가 넘었는데 자고 간다며 가기를 아쉬워하는 혜원이 지원이를 내일을 위해 가야된다고 등을 떠밀어야하니 요즘 세상에 우리 애들이라고 예외 일 수는 없구나.

무엇이든 주렁주렁 보따리가 주어짐은 부모의 마음이 너희들을 향함이다. 보고 싶을 때마다 영국으로 소포 부칠 때에 비하면 얼마나 편리하냐. 차가 마당에서 멀어지면 금방 또 보고 싶은 마음을 기도로 달랜다.

너희들 어렸을 때 시골 할머니 댁에 다녀 올 때면 차에 올망졸망 실어 주시던 보따리 생각나는지? 우리 떠남이 아쉬우셔서 차에 기대 서 계셨던 할머니 할아버지 모습이 그림같이 떠오른다.

영국 3년 체류 기간에 네 번의 방문. 너무 심하다 여긴 사람도 있을지 모르나 이 에미는 보고 싶음을 억지할 수 없었다.

내 건강 상태로는 도저히 감당 못 할 오랜 비행시간과 시차 적응과 다리 시린 것을 비행기 안에서 참기란 고역이었다. 그러나 너희들이 내겐 힘이었기에 해 낸 일이었다. 다시 귀국해야 할 시간이 다가오면 떼 놓고 올 아쉬움은 큰 산같이 느껴졌다. 더구나 공항에서의 작별은 차라리 충격적 일 만치 마음에 상처였다.

10시간 내내 잠 못 자고 연구실서 지내야 하는 아들향한 애처로운 생각이 떠나질 안았다. 이국에서 외로이 살아야 하는 모습 등 잘 극복하고 적응 할 수 있기를 비는 마음뿐이었다. 6개월짜리 지원이를 데리고 가서 네 살이 되도록 고생 많이 했다. 두 애들 데리고 잘 견디어 온 며느리 수고가 많았다.

고마울 뿐이다. 애비 진로를 위해 기도하던 중 모교인 연세대학교에 교수로 오게 됨은 정말 우리가 바라던 바였기에 감사한 일이다. 이 영광을 하나님께 돌리자. 애비가 박사학위 받던 날이 기쁨을 못 보고 죽었으면 어쩔 번했나 하는 생각도 했단다.

늘 너희를 향한 기도가 그것이었지. 애비의 온순한 성격으론 제자들에게 인간미 담긴 사랑의 가르침을 실천하고 계속되는 연구도 순탄하길 엄마는 굳게 믿는다. 언젠가는 노벨상도 대한민국 아들 윤석진에게 주어지리라고.

어려서부터 공부를 재미있어했던 버릇은 드디어 세계적인 과학자가 되었구나. 생각만 해도 가슴 뿌듯했단다. 애비가 초등학교 4학년 때인가?

산수 문제를 푸는데 알고 있는 답이 나왔을 때 그 기쁨을 엄마는 아느냐고 나에게 물은 적이 있다. 이때 난 너의 싹이 파란 싹임을 감지했었다. 그리고 조립식 장난감 맞추기를 즐겨했던 것도 두뇌 발달에 도움이 되었다고 생각된다.

공부방을 가구로 막아 책상 사이를 간신히 빠져 나오게 해놓았었지. 책상서 빠져 나오기 어려워야 공부하다가 잘 안 나오게 된다고 해놓고 끈기 있게 공부하던 중 고등학교 때가 있었다. 또 한 가지 식칼을 식탁에 놓고 쪽지에 "엄마 4시에 꼭 깨워주세요. 못 일어나면 이 칼로 찔러서라도요." 무언가 달랐다.

2시에 잠든 너를 겨우 2시간 재우고 깨워야 하는 에미의 마음은 얼마나 안타까웠겠니. 본인이 열심히 했기에 엄마도 독서실서 오는 너를 새벽 1시까지 붓글씨를 쓰며 기다려 주었다.

1990년 대학 입학 후 군에 입대하여 제대를 얼마 앞두고였다. 꿈에도 생각 못한 갑상선 암으로 수술대에 올라야 했었다.

그때가 10월인데 욕조에 찬물을 받아 몸을 담그고 있어도 열이 식지 않는 열병을 엄마는 앓았단다. 혹시 오진이기를 바라고 이 병원 저 병원 떼어 낸 조직을 들고 뛰어 다니던 일들. 그때만 해도 젊었기에 감당할 수 있었던 일들이다. 아니 하나님은 감당할만한 시련을 주신다했던가.

지금까지 관리를 잘 하고 있지만 계속 간편한 치료방법이 연구되기를 바란다.

사랑하는 아들아! 아들이라는 말만 들어도 마음 뿌듯하다.

아들과 엄마는 전생에 연인 사이였을 거라는 말이 맞는가보다.

우리 아들도 아들을 가질 수 있다면 얼마나 좋을까.

물론 딸 재미도 쏠쏠하지만 가문에 대도 이어주고 야구도 같이하고 나이 들어 목욕탕가서 등도 서로 밀어 주면 얼마나 행복할까? 친구같이 말야.

지금은 어미 말이 실감이 안 날지 모르겠다. 5, 60대 나이가 들면 후회할지도 모르겠지? 지금도 늦지 않았으니 에미랑 의논 해보렴.

우리 집 문화는 전화를 자주하는 편이지? 최근에는 전화 음성도 듣기 어려우니 내 아들이기 전 대한민국의 아니 세계적인 인물이 맞구나 하는 생각이 든다. 그래도 엄마는 서운함을 기쁨으로 바꾸려 노력한다.

엄마 위암 수술할 때 엄마가 금방 죽을 듯이 엄마 얼굴에 뜨거운 눈물을 펑펑 쏟으며 울던 때를 생각한다. 이때 살아야겠다는 마음이 강하게 작용했기에 지금의 엄마가 있다. 아들의 눈물이 너무 뜨거웠기에 암세포가 멸살 된 것 같은 기분이 든다. 어렵게 밤새움 간병으로 서로의 힘이 되어준 아들 딸 에게 고마운 마음 전한다.

지금 살아 있게 기적을 일으키신 하나님께 감사를 드린다.

(2006. 7.)

고희연을 맞은 날

2012년 8월 4일 일흔 번째 생일이었다. 이날을 고희라 부른다.

고희! 나에겐 상관없는 날인 양 잊고 살았다. 먼 나라 얘기처럼 말이다.

내 나이 칠십이라니! 노인을 대할 때 환갑 나이라면 파파 할머니 할아버지로 여기지 않았던가. 수명이 다된 고장 난 물건을 말할 때도 환갑이 지났다라고 표현 한다. 사람도 마찬가지일터다. 눈 깜짝할 사이 지난 세월인 듯한 데 말이다. 환갑에서 십년을 더 살았구나. 볼장 다본 사람처럼 취급 받아야 함이 못내 서운하다. 누가 웃자고 한 얘기인진 모르나 그렇겠구나 하는 얘기를 들은 적이 있다. 육십 대 중반의 단체가 여행을 갔단다. 안내자가 아무 말도 없이 따라 오라더란다. 왜 아무 설명도 해주지 않느냐고 물으니 노인들은 설명 해주어야 금방 다 잊고 다시 물어 보는데 설명을 해 무엇 하냐고 해서 울화통이 터지더라고 했다.

심한 무릎 관절 이상으로 지팡이에 의지해야하는 신세가 칠십 고희에 맞는 나의 모습이다. 하나뿐인 아들은 식구들과 미국 보스톤의 하버드대서 안식년을 보내고 있다. 한 달 후면 9월 학기에 맞추어 귀국한다. 미룰까? 생각도 했다. 아들이 들어와도 새 학기 준비에 바쁠 것을 생각해서 지내고 오는 게 아들을 도와주는 일이라 섭섭한 대로 했다.

생일을 지나고 하면 덜 좋다는 옛날부터의 얘기도 있는데다 지금 보다 안 좋으면 내가 어떤 형상일까. 죽는단 얘기 아닐까 염려도 되었다. 남편과 딸이 주선해서 고희연을 열었다. 롯데 호텔에서 백여 명이 함께 했다. 양쪽 형제들과 조카들만 초대해 식사를 같이한 자리였다. 아들 네 식구가 불참했으니 이 빠진 듯 허전했다. 수시로 핸드폰이 걸려왔다. 멀리서 축하도 하고 싶고 어지간히 궁금했나 보다. 그때 서운한 마음에 아들네 식구와 집에서라도 사진이나 찍을까 마음먹었다. 그러나 3년 지난 오늘까지 걷어온 현수막도 상자에서 꺼내보지도 못했다. 바쁜 일상임을 말해준다. 친정아버지께서도 휠체어에 앉으신 채 옆자리서 둘째딸의 70회 생일을 축하해주셨다. 아버지는 어떤 마음이셨을까. 아버지는 그 후 한 달 20일 만인 9월 24일 우리 곁을 떠나셨다. 그때 연세 94세. 어려서부터 허약한 딸을 그리 염려하시더니 나의 칠순을 보시고 떠나셨다. 무슨 의미가 있는 것은 아닐는지. 진정 곁에서 지켜 주셨기에 더 사모 치게 보고 싶다. 나의 사랑하는 아버지가!

그날 딸도 엄마에게 사랑 듬뿍 담긴 축하 편지를 읽어 좌중을 숙연한 분위기로 눈물을 흘리게 했다. 또 시인이며 소설가인 최강용 선생이(나의 사촌동생) 축하 메시지를 담은 시를 낭송해 분위기를 고조시켰다.

최 학용님 고희에 부쳐

내 칠순 때 축시 한편 써 줄 거지?
그 약속을 지키려고 덕적도의 생활을 접고
주저하지 않고 육지로 향했습니다.
책상 앞에 앉아 당신의 모습을 그리노라니
내기 초등학교의 기억이 명멸 합니다.

샛별 같은 눈동자를 가진 초롱초롱한 소녀가
어느새 고희를 맞이하니 세월도 무정하게 흐릅니다.
당신이 살아온 칠십 년은 헌신과 희생의 나날이었음을
나는 누구보다도 잘 알고 있습니다.
효심이 넘치고 형제애가 남다르고
지어미로서 지아비를 사회의 거목으로
아들을 대학 교수로
딸을 교사로 사회에 바치셨습니다.
누가 이보다 거룩한 삶을 사리까.
글재주가 남다른 당신은
이미 수필가로 시인으로 등단했습니다.
글로 당신의 현명한 인생을 반추 하는 것도
당신의 여생을 빛낼 것입니다.
어제까지 무겁게 느껴지던 날이
오늘은 세상에서 가장 아름답게 다가옵니다.
당신이 맞이하는 고희가 아름답기 때문이라면
당신은 어여쁜 미소로 답하겠지요.
건강 하십시오.
당신이 건강하기를 걷는 걸음걸음마다 기원합니다.
행복 하십시오.
행복은 당신의 기준에 있지만
더욱 행복이 넘치기를 축원 합니다.
당신의 고희를 맞는 오늘은 이 세상에서
가장 아름다운 날입니다. 당신이 그토록 아름답게

사셨기 때문입니다.
당신의 고희를 하나님의 은총과 더불어
뜨거운 사랑으로 축하의 메시지를 보냅니다.

- 시인 최강용

허약하신 지체로 휠체어 타신 채 아들이 모시고 왔다.

그냥 생일이었으면 못 오셨을 아버지의 참석이었다. 아버지 이시기에 자리 하실 수 있었던 최후의 배려 이셨음을 안다. 지팡이에 의지하는 칠순 딸과 기저귀를 차고 휠체어에 앉으신 아버지. 그림이라면 구도에 안 맞는 그림이다.

지금 같아서는 20년을 더 살 수 있기는 힘든 일이지만 "쭈그렁밤송이가 삼년 달려있다."는 속담을 떠 올리며 나도 내 자식들의 칠순을 지켜 볼 수 있기를 소망해 본다. (2012. 8.)

추석 편지

· 사랑하는 애비, 에미에게!

먼저 애비 정교수 승진을 진심으로 축하한다. 온 가족이 같이 이루어낸 경사다. 모두들 수고했다.

가사로 학교일로 교회봉사로 학부모로서 바쁜데 추석까지 혼자 준비 하느라 에미가 애썼다. 고맙다. 벌써 물려주면 안 되는데…. 걱정이 앞선다. 이번 만이길 바란다. 외할머니께서 80세에 춘천 삼촌께 조상님 섬기시던 일을 넘기시고 많이 섭섭해 하시더라. 점점 쇠약해짐을 막을 수가 없구나.

이런 저런 일로 만난 지 오래되어 애들이 많이 보고 싶구나.

여러 가지 생각에 잠이 안와서 책상에 앉아있다. 새벽 5시네.

추석 아침 잘 맞이하자. 고맙다 사랑한다.

- 2014년 9. 8. 추석날에 엄마가

· 사랑하는 혜원에게!

벌써 가을. 혜원이가 중학생으로 4학기 째를 맞았구나. 점점 공부하느라 만나기도 어렵지?

우리 서로 사랑하는 마음은 변치말자.

할머니가 자꾸 아파서 이번 추석 준비는 엄마 혼자 수고했구나. 내가 벌써 무너지나 하는 두려움이 앞선다. 할아버지도 예전 같지 않으시고 쉽게 피곤을 느끼신다. 그럴수록 너희들이 더 보고 싶어짐은 아마 늙어가는 증거이리라.

혜원아! 공부 열심히 해서 건강한 여성으로 굳건히 서기를 바란다.

건강하게 좋은 친구도 많이 사귀고 하나님도 잘 섬기는 혜원이가 좋다. 사랑한다. 너희들 뒤엔 너희를 위해 기도하는 가족이 있다. 우리 혜원이 파이팅!

- 2014. 9. 8. 추석날에 할머니가

· 사랑하는 지원에게!

지원아! 초등학교 학생으로서 마지막 학기를 맞았구나. 많은 친구도 사귀고 좋은 추억 만들기에 지원이가 바쁜 것 같더라. 좋은 일이다.

중학교는 언니같이 집 가까운 학교로 되기를 기도한다.

지원아! 우리 오래 못 만났구나. 할머니 할아버지는 너희들과 같이 밥 먹는 것 좋아하는데. 동호 걱정 많이 되나 너희 식구까지도 같이 합심 기도하니 든든하다.

햄스터 많이 자랐겠다. 지저분하지만 정서적으로 도움 되면 환영 할 일이다.

너희들 만날 생각에선지 잠이 안와서 새벽 4시 인데 컴퓨터에 앉아있다. 7시경에 만나자. 지원이 파이팅!

- 2014. 9. 8. 추석날에 할머니가

곱슬머리 귀염둥이

곱슬머리 귀염둥이 외손녀. 사위가 곱슬머리라 임신 기간 중 곱슬머리 만 아닌 아기를 달라고 기도했단다. 아뿔사! 그런데 딸이 대단한 곱슬머리다. 보는 사람마다 귀엽다는데 본인이 철들면 불평할 일인지 모르겠다.

2011년 8월 27일 생, 신오성. 시어르신들께서 지어주신 이름이다. 처음엔 남자 이름 같고 예쁜 여자 이름 짓고 싶다며 딸이 속상해 했다.

어르신들께서 주신 이름이니 다음 유치원에라도 간 후 놀림 받으면 개명 방법도 있다고 타일러 가라앉혔다.

지금은 이름에 대한 불평이 없어졌다. 자꾸 부르니 오히려 흔한 여자이름보다 좋다고 한다.

오성이가 백일이 지나도록 잠을 안자서 온 식구가 힘들어했다. 돌 지나면 나아지리라했는데 그대로였다. 두 돌이 되어서야 조금씩 달라졌다. 육아 휴직중인 어미는 잠 부족으로 체중이 많이 줄었다. 보기에도 안쓰러웠다. 공연히 낳았나? 했더니 너무 잘한 일이라 했다. 이다음에 엄마를 생각해 주는 딸 달라고 한 기도의 응답이라고. 잠도 잘 안자는 딸을 키우면서 엄마 생각 많이 했단다. 우리 엄마도 나를 이렇게 키우셨겠지 하며. 그래서 출산한 딸이 아들 보다 부모를 더 많이 생각하나보다.

너무 작고 예민한 것 같아서 신경이 쓰였다. 8월이면 네 돌인데 우리 나이로는 다섯 살이다.

잠도 잘 안자고 다른 애들보다 발육이 좀 늦는다 했는데 벌써 올 해 유치원생이 되었다. 겨울이 다시 오듯 바람이 세차게 불며 추운 날씨다.

왜 하필 오성이 입학식에 이렇게 추울까. 조금 일찍 집에 들렀다. 꽃다발을 얼른 받아 안는다. 공주 같은 예쁜 차림을 하고 외할머니 할아버지를 반겼다. 춥다 해도 레이스 달린 얇은 원피스를 고집했단다. 머리를 여러 갈래로 묶은 모습도 귀여웠다. 계집애라고 벌써 옷 골라 입는 것도 다르다.

일 년 간 어린이집을 다녔다. 오늘 무슨 날이냐 물으니 유치원 방학이라 했다. 아직 입학과 방학도 확실히 모르는 어린애가 벌써 이런 틀에 박힌 과정에 들어가 훈련을 받아야 됨이 씁쓸하며 모질다는 생각이 든다.

입학생들을 맨 앞자리에 앉혔는데 의자에 딱 붙어 뒤에선 보이지도 않는다.

여섯 일곱 살 선배들이 되는 어린이들은 많이 커보였다. 오성이는 언제 저만큼 키우나 하고 마음에 급한 생각이 들었다.

오성이 친가엔 친손자 오성이 오빠와 외손자 둘을 두셨다.

남자 셋에 오성이만 여자니 꼭 필요한 양념 같은 존재다. 친할머니 할아버지께서 한없는 사랑으로 보살펴 주신다. 예쁜 옷을 많이도 사서 입히시고 그야말로 인기 짱이다. 오성이가.

사위도 아들 동호는 아빠한테 데면데면 했는데 오성이의 착착 붙는 애교에 딸 주심을 축복이라 여기고, 온 식구가 대만족이다. 아니 귀염둥이 분위기 메이커인 셈이다.

입학식장에서 남자 원장님을 뵈니 의외란 생각이 들었다. 남자 선생님도 계신 게 다른 유치원과 달랐다. 요즘 추세인지도 모를 일이다.

오빠 동호가 다니는 초등학교의 병설 유치원인데 바로 윗 층이 오빠교실이란다.

만만치 않은 댓 수의 추첨에서 당첨은 행운이었다.

아주 인연이 깊은 유치원이다. 동호, 오성이 할머니께서 봉직 하셨던 학교라니 세 식구가 월촌 가족인 셈이다. 애들이 친근감을 갖는 게 얼마나 자랑스러운가. 입학식 후 사진을 찍는데도 할아버지께서 안고 계셨다. 영락없는 애기다. 두개의 꽃다발을 안고 연신 할아버지 볼에 얼굴을 비빈다. 할아버지를 그렇게 좋아하니 얼마나 행복하실까 생각했다.

할아버지 품에서 안겨 있기를 점심 먹는 자리까지 이어졌다. 꽃다발 무게도 못이기는 가냘픈 곱슬머리 귀염둥이 오성이다. 이 어린 싹이 여기서 자라고 자라 월촌 초등학교 까지 이어지길 소망한다.

사돈 어르신들께 점심 대접까지 융숭히 받고 축하해준 유치원 입학식. 자장면을 청해서 호록호록 오물오물 거리던 입모양이 어찌 예쁘던지, 오성이 생각이 자꾸 난다. 월촌 유치원 입학! 만 세살 반! 곱슬머리 귀염둥이 신오성! 축하한다. 오성이에게 다녀 온 후 활력의 엔돌핀이 생성됨을 느낀 축복으로 채워진 하루였다. (2015. 3.)

외손자 동호

동호는 2007년 10월 12일 체중 3.2킬로그램으로 건강하게 태어났다. 성격도 활발하고 잘 놀고 해서 이 할미를 기쁘게 해 준다.

일곱 살 때였다. "고정 문이 열리네." 고정문의 뜻을 알기에 깜짝 놀랐다. 또래 아이들에 비해 언어구사력이 뛰어나다는 얘기를 많이 듣는다고 했다. 국어 선생님 아들이라 그런가 생각되는 것도 무관치 않은 것 같다.

지난 해 여름방학 때 무릎이 아프다고 했다. "성장통일지도 모른다고 대수롭지 않게 여겼다. 밥을 잘 안 먹어서 식욕에 도움 될까 태권도와 축구교실을 다닐 때였다. 여름 방학을 맞아 수영을 며칠 계속했기에 안하던 운동이 격했나 하는 생각도 했다.

동네 병원에 가니 큰 병원에 가라했다. 그때부터 친 외가 양쪽 집이 난리가 났다. 유명 대형 병원 네 곳에서 진료하는데 2개월이 걸렸다.

결과는 비슷했다. 무릎 위 쪽 대퇴부 뼛속에 물혹이라는 진단이 내렸다.

MRI 검사도 어린 동호한테는 정말 어려운 검사였다. 전신마취 후 검사를 해야 했다. 수술은 어떻게 할까 싶을 정도로 검사가 수월치 않았다.

검사결과 90프로는 양성인데 10프로를 배제 할 수 없다는 것이 수술의 필요 목적이라 했다. 많은 고민과 염려가 엄습해왔다. 병에 겁이 많은 외할머니인 나는 어지러움과 심한 두통 불면증으로 응급실에 실려 갔다. 친가 할머니 할아버지께서는 식음을 전폐하다시피 힘든 나날을 보내셨다. 어미 마음은 오죽했으랴. 나 위 수술 시 방 구들이 꺼지도록 한숨을 쉬시던 부모님, 아들이 갑상선 암이라는 결과를 듣고 찬물을 가득 채운 욕조에 들어앉았던 일들이 떠오른다. 종일 있어도 온몸에 열이 식지 않았다. 그때가 시월 서늘할 때였다. 부모 마음은 이렇다. 지금 몸 찬 기운이 그때 부터였던 것 같다. 자식 낳고 기르며 기쁨도 많지만 부모의 영혼이 사그라지는 듯한 걱정 염려도 있다.

그러면서 세월 속에서 노년을 맞는다. 이런 삶을 희비쌍곡선에 비유하면 맞는 말일까. 동호 어미는 전적으로 기도에 매달렸고 교회에선 중보 기도를 해주셨다. 독한 마음먹기로 결심하고 하나님의 자비하신 손길과 현대 의학의 힘을 믿기로 했다.

기도의 위력은 대단했다. 살아계신 하나님을 경험했던 기회였다.

수술 성공! 많이 보챌 줄 알았는데 장난감 조립에 지루할 틈도 없이 잘 이겨냈다. 역시 씩씩한 남아의 기질을 보여준 동호가 대견스러웠다. 어른도 힘든 깁스의 무거움도 목발 사용할 때의 뒤뚱거림으로 오는 위태함 휠체어의 불편도 잘 참아 낸 결과다.

3층 교실까지 업어서 등하교를 시켜주신 동호 할아버님이 제일 고생을 많이 하셨다. 동호가 그 은혜 길이 간직하기를 빈다.

지금도 아직 끝나지는 않았지만 정상으로 향하고 있다. 병원 다니는 기간이 일 년이 되어간다. 길을 걸어가는 아이가 바람이 불때마다 날아오는 꽃잎들의 선물을 받아 들이 듯 우리도 주님의 뜻에 순종하니 웃는 날이 밝아왔다.

지금은 어엿한 초등학교 2학년이다.

온 가족이 정말 마음고생 많았던 기간이었다. 예약 된 진료가 기다리고 있지만 길고 긴 터널을 빠져 나온 기분이다. 비 온 뒤 땅이 더 굳어지듯 더 튼튼한 다리가 기대 된다. 외손자 신동호! 튼튼한 태권브이 다리처럼 화이팅! (2015. 6.)

태몽으로 정해진 이름

우리 증조부께서 지어주신 내 이름은 최학용이다. 수성 최씨 崔자와 학학 鶴자와 쇠북용자鎔을 쓴다. 내가 태중에 있을 때 증조부 꿈에 입고 계신 비단조끼 주머니에서 학이 날아가는 것을 잡으셨단다. 태몽이라 여기시고 돌림자 가운데 자를 학鶴자를 넣어 이름을 지으셨다.

초여름 가장 더운 초복 중복 사이인 음력 6월 25일이 생일이다. 할머니께선 산후조리 하는 엄마 방에 군불을 피신 후 참외 따러 가신사이 엄마는 찬물로 샤워를 하셨단다. 20대 산모로서 당연히 그럴만한 일이었다. 그러나 할머니가 아시면 기절

초풍 하실 일이었다. 그 후 엄마는 동생도 7월에 출산 하셨으니 산후조리를 제대로 하셨을 리가 없다.

늘 몸이 안 좋으셨으니 산후조리의 중요성을 중년에서야 아셨으리라.

20대 해산에도 산후조리가 필수이니 요즘같이 40대 산모들에게야 강조할진대 누가 무어라하랴? 천하는 푸르고 푸른 들판, 장미 수국이 한창인 철에 뜨거운 방에 누워 조리하기가 쉽지는 안았으리란 생각이 든다.

어려서는 몰랐는데 어른이 되면서 여기저기서 내 이름을 남자로 아는 이가 많았다. 정안 수 떠놓고 빌어주시던 엄마 마음이 내 이름에도 배었으리라.

칠남매 이름을 차례로 부르며 축수하실 때 내 이름이 언제 나오나 하고 기다렸었다. 맞다, 내 이름은 엄마가 부르며 빌 때마다 복이 들어왔다.

꾸중과 채찍보다 무언의 교훈으로 성장의 자양분을 부어주신 마음이 잊혀지지 않는다. 무슨 업적이라도 남겼으면 명예롭겠지만 그도 아닌 내 이름이 좋은 이유다. 증조부가 지어주시고 엄마가 복을 빌어 주시던 이름이.

“좋은 사람의 마음엔 신선이 살고 학(鶴)이 보금자리를 틀며 어두웠던 햇살도 활짝 펴놓는다."는 글을 읽은 적이 있다. 학(鶴)인 나는 이름값을 하는 사람으로 살아야겠다. 고고한 학(鶴)처럼 세속을 초월해 살 수만 있다면 얼마나 좋을까.

이름 때문에 겪은 에피소드도 있다. 호텔 커피숍에서 제자를 만나기로 한날이다. 약속시간이 한 시간 지나도 안 오는 답답한 상황이었다.

메모판에 찾는 이름을 써서 종을 치며 손님 사이로 다닌다. 종업원이 이렇게 찾으면 카운터에 가서 전화를 받아 연락이 닿을 때다. 종업원이 내 이름을 남자라 단정하고 남자 손님들 앞에만 가서 찾았으니 난 알 리가 없었다. 제자는 제자대로 늦는다고 연락하려 했는데 그런 손님 없다니 난처한 상황이었다. 핸드폰도 없던 시절이었으니 얼마나 답답하고 황당했는지 지금 생각해보면 웃음이 절로 나온다.

몇 해 전, 1박 2일 문학 세미나에서 방 배정 후 키를 받았다. 방 앞에 가니 남자회원이 문을 열고 있었다. 깜짝 놀랐다. 아니 룸메이트가 남자? 주최 측에서 내 이름을 남자로 알고 한 실수였다. 교회에서도 남자인줄 아는 사람들이 있다. 소주 신상품 시음용 술을 내 이름으로 보내 온 적도 있다. 나에게 독일 친구가 있는데, 내 이름 부르기 어렵다고 최를 초이 학을 하경이라 부른다. 요즘은 홍콩과 발음이 비슷하다며 아예 홍콩이라 부른다. 내 이름이 어렵긴 어려운가보다. 고향에 가도 "해경이 왔구나"로 나를 반기니 말이다.

한자로도 획이 복잡하니 이름이 무거워 한글로만 쓰라는 말을 한 사람도 있다. 이름이 무거우니 아프지 않느냐? 묻는 사람도 있었다.

중년에 개명 한 적이 있었다. 엄마는 개명한 이름을 베개와 수저에 새기고 많이 부르라 하셨는데 지금 이름이 좋다하여 흐지부지 사라졌다.

인간이 50세가 넘으면 하루하루 몸은 쇠약해지고 병에 걸리기 쉬워짐은 절대적 운명을 타고 났기 때문이라 했다. 더구나 자신이 나이도, 측은지심도 많은 사람인 것을 잘 안다. 세상에 태어나 지은 죄가 한두 가지일까 마는 그래도 복 받은 사람인 것을 안다.

태몽으로 정해진 최학용이 내 이름이다. (2014. 6.)

가족 사랑에서 얻은 삶의 진실

- 수필집 『비취반지』를 중심으로

오 경 자

(한국수필문학가협회 부회장)

사람은 자연 속에서 살고 가족과 함께 산다. 나이가 들어가면서는 추억을 먹고 사는 특권을 가진 것이 동물과 다른 점이 아닐지 모르겠다. 여러 문학 장르 중에서 특히 수필이 자연, 가족, 추억 등을 주요 글감으로 다루는 특징을 갖고 있다 해도 과언이 아니다. 그 이외 우리 주변에 있는 모든 사물과 일들이다. 수필의 좋은 글감이지만 최학용의 수필은 유독 가족에 몰입되어 있다. 그의 글은 가족에서 시작되고 가족에서 끝난다 할 정도이다. 그리고 그 배경에는 자연 사랑이 병풍처럼 버티고 있다.

자신의 체험을 바탕으로 해서 쓰는 글이 수필이다. 누구에게나 있는 체험을 자기만의 것으로 드러내는 차별화를 시켜야만 한 편의 수필이 탄생된다 할 수 있다. 최학용은 가족에 대한 사랑을 진정어린 정감으로 진솔하게 펼쳐나감으로서 이런 요건을 충족시키고 있다. 남편에 대한 신뢰와 한없는 애정을 솔직하게 써내려가는 그의 필치는 거침이 없다. 남편이 '박사학위'를 받는 날 감상을 글감으로 한 「학위 수여식」에서 회상하는 장면을 다음과 같이 표현하고 있다.

> 밥을 안 먹으면 배가 고픈 것처럼 항상 무엇인가 정진하는 남편의 자세는 늘 나를 반성하게 했다. '목숨과 박사를 바꾸려느냐?'고 말렸지만 묵묵히 해냈다. 74세의 박사학위 수여식장(…중략), 학교 갈 땐 간식도 도시락도 싸야했다. 늦게 귀가할 때 늘 먼저 자라고 했다. 공부하고 오는 학생 학부형(?)이 어찌 잘 수 있을까? 기다리다 자는 시간을 놓쳐 밤을 하얗게 샐 때도 있었다. 하루 종일 회사일 마치고 또 책가방 들고 가는 학생이 지치지 않도록 조용히 기도만 할 뿐이었다.
>
> -「학위 수여식」 중에서

아내의 지극한 사랑과 애틋한 정감을 잔잔히 느끼게 하는 글이다.

최학용의 가족애는 이에서 멈추지 않고 자녀에 대한 넓고 깊은 사랑으로 이어진다. 부모가 누구인들 자식 사랑과 보람이 없으랴만 그의 성품처럼 조용한 몸짓의 자녀 사랑이 조금도 야단스럽지 않게 정성을 다 바치는 사랑을 진솔하게 다 내보이는 필치가 오히려 독자의 공감을 불러일으킨다. 우주천문학자인 아들의 연구 성과를 말하면서도 그의 우수성을 있는 그대로 다 쓰고 있지만 자랑하는 것으로 비추어지지 않는 것이 최학용의 수필이 갖는 강점이다.

전 세계에서 지원한 박사들 사이에서 70대 1의 경쟁률을 뚫고 영국 옥스퍼드 대학교 연구원으로 발탁 되었다. 이런 기쁜 소식이 또 어디 있을까. 그때는 좋기만 하고 실감하지 못했다. 그러나 아들 식구 넷이 영국으로 떠나간다니 너무나 공허함이 몰려들었다. 아니 서울이 빈 듯한 기분이 이럴까.

-「아들」 중에서

자녀들에 대한 눈물겨운 사랑을 넘어 그는 친정 부모님에 대한 지극한 마음과 애정이 몸에 배어 있어서 부모님에 대한 사랑 이야기가 전편을 흐르고 있어도 전혀 지루하거나 식상하지 않는 것이 이상해 보일 정도이다. 부모님이야 그렇다 치더라도 오빠에 대한 남다른 사랑이 눈길을 끈다.

지금도 내복 입은 것처럼 온 몸이 답답하다. 바라건대 '뒷산에서 멧새라도 한 마리 포로로 날아들 듯 오빠에게 행운이 찾아왔으면' 하고 빌어본다. 스물네 번의 항암 주사에 평소 습관대로 어려움을 참고 걷는 운동도 하셨고, 손자 손녀 학교와 유

> 치원을 챙기시던 일들을 일상에서 놓지 않으신 것이 큰 치료약이었던 것 같다. 손자 손녀들에게 인기 짱이신 사랑하는 오빠의 쾌유를 두 손 모아 간절히 기도한다. 오빠가 꼭 쾌유하셔야 하는 이유가 많지만 그 중 한 가지! 93세이신 아버지께서 생존해 계시기에. –「사랑하는 나의 오빠」 중에서

오빠의 쾌유를 빌면서도 그 절절한 이유를 93세 아버지의 근심하실 것을 염려하는 마음에서 작가의 주제 형상화가 탁월한 솜씨임을 엿볼 수 있다.

최학용에게 자연은 가족처럼 언제나 그의 수필의 출발점이다. 무주까지 국화를 따러 떠나는 작가의 행보에서 이미 심상치 않은 정도의 자연 사랑을 엿 볼 수 있다.

> 한 시간 쯤 국화꽃을 땄다. 허리 통증을 참으며 귀한 순간을 놓칠세라 예쁜 꽃을 땄다. 어쩜 색이 그리 고운지, 꽃을 따기조차 아까웠지만 몰인정하게 따서 바구니에 담았다. 공기 좋고 햇볕 좋은 곳, 파란 하늘이 유난히 높은 날이다.
>
> –「국화 따러 무주까지」 중에서

국화차를 직접 만들어 보는 체험을 겸한 문학기행 길을 글감으로 한 글이다. 몰인정하게 따서 바구니에 담았다는 대목에서 작가의 자연 사랑을 엿볼 수 있다.

자연을 노래하는 글이 한 두 편이 아니지만 외가 나들이를 쓰면서 눈 내리는 날의 서정을 노래하고, 아이들의 운동회에 참가하면서 계절의 변화를 민감하게 느끼면서 사경적인 표현으로 멋을 살린 가을 운동회 등도 주목할 만한 작품이다.

눈 내리는 겨울이면 외갓집 생각이 난다. 겨울방학 때 외할머니 제사에 가던 어린 시절이, 그때가 참 좋았다. 엄마가 해마다 챙기시던 제사인데 지금은 제사도 날짜만 기억할 뿐 가지는 못한다.

외갓집 가는 날이면 머슴은 지게 바수고리에 제물을 잔뜩 싣고 우리 앞장을 섰다. 며칠 전부터 장만하신 엄마의 친정어머니께로 향한 정성의 음식이다. 지금은 우리 생가에서 차로 10분 거리도 안 되는데 그때는 한 시간은 족히 걷던 거리라고 생각된다. …중략

외갓집 동네서 나와 같이 놀던 친척 애들도 모두 나 같은 노인이 되었다. 어쩌다 결혼식 등에서 만나면 옛날을 얘기하며 정담이 계속 이어진다. 배불뚝이 밀짚모자 쓴 눈사람 만들던 얘기도 빠질 수 없는 추억 속의 메뉴다. 오늘 내린 눈의 양이 25.8cm, 103년만의 기록이란다. 60년 전 눈 내리던 외갓집 동네 풍경이 바로 어제 일인 듯 눈앞에 펼쳐진다. 5년 전 하늘나라로 떠나신 엄마가 눈 속에서 미소 지으시며 외갓집 마당에 내려오실 듯 눈이 내린다. 펑펑. –「눈이 내리면」 중에서

눈이 내리는 날이면 사람들은 감상에 젖기 마련이다. 작가는 어린 시절 눈 내리는 날의 외갓집 나들이를 회상하면서 독자의 감성을 촉촉하게 적셔준다. 그러다가 결말에서 현재 시점과 과거를 절묘하게 연결시키면서 그리움이라는 주제를 잘 형상화시켰다고 볼 수 있다.

최학용은 이렇게 자연과 가족 사랑에만 머물러 있지 않고 사회 현상이나 인간의 이기심, 탐욕 등이 남에게 끼치는 해악 등에 대해서도 특유의 조용한 화법으로 따끔한 채찍을 대신하는 재치를 보이기도 한다.

> 지금 이 시간, 새벽 2시다. 이웃에서 욕조에 물 받는 소리가 시끄러워 간신히 든 잠에서 깨었다. 함부로 땅땅 놓는 샤워꼭지 소리, 남이야 어떻든 아무렇지도 않게 저지르는 한심한 사람들에게 환멸을 느낀다면 심한 표현일지 모르겠다.
>
> -「지진 해일과 일본」 중에서

일본의 지진 해일 사건 당시 일본인들의 질서의식에 대한 의견을 말하고 뒷부분에서 우리의 남을 전혀 배려하지 않는 일부 사람들의 행태를 꼬집는 표현이 작가의 성품처럼 조용한 접근임이 눈길을 끈다.

여행 중에 비취반지를 싸게 사서 애지중지 하다가 우연히 가짜임을 알고 실망한 이야기를 쓴 「비취반지」에서 작가는 심하게 분통을 터뜨리기도 하지만 결국 그 특유의 가족애로 주제를 형상화 시킨다.

> 여자들은 결혼반지를 평생 만 칠천 번 들여다본다는 말을 다이아몬드 선전문에서 본 적이 있다. 난 과연 몇 번이나 보고 중히 여겼나? 다이아몬드도 비취도 아니지만 남편이 어렵사리 장만한 사랑의 증표, 소중한 것은 남편이 사랑의 표시로 끼워 준 백금 반지 그것이 진짜였다. 대만 여행만 생각하면 비취반지가 떠오른다.
>
> -「비취반지」 중에서

사기를 치는 행위에 대한 분노 표출로 주를 이루기보다는 결국 반지의 가치를 생각하면서 결혼반지로 돌아와 남편의 사랑과 소중한 결혼반지에 대한 가치 확인으로 결말을 맺음으로서 부부애라는 주제를 형상화하는데 성공한 작품이라 할 수 있다.

이외에도 병약한 자신의 이야기를 지루하지 않게 표현하는 점도 돋보이는 수필 작법 중 하나라 할 것이다. 자신의 체험을 주된 글감으로 써야 하기에 자칫 진부하기 쉽고 자신만의 글로 차별화시키기 힘든 점들을 잘 극복하고 자신의 색깔을 지닌 수필을 빚어내는데 성공한 최학용의 수필세계를 독자들에게 간략히 소개 했다.

최학용 수필집

비취반지

2015년 8월 1일 초판 인쇄
2015년 8월 5일 초판 발행

지은이 / 최학용
발행인 / 강석호

발행처 / 도서출판 敎音社
편집 / 隨筆文學社 편집부

110-775 서울 종로구 경운동 88 수운회관 1308호
Tel (02) 737-7081, 739-7879(Fax)
e-mail : goessay@kornet.net
등록 / 제300-2007-52호

* 잘못된 책은 바꿔 드립니다. 값 13,000원

ISBN 978-89-7814-665-4 03810